Manuel de
L'Etudiant

TRIANGLE

Applications
Pratiques de la
LANGUE française

Troisième Edition

Carolyn F. Demaray
The Hotchkiss School

Josette J. Smith
The Baldwin School (Retired)
French International School of Philadelphia (Retired)

Avec la collaboration de
George Dix
Phillips Academy, Andover

WAYSIDE PUBLISHING

Acknowledgements: We gratefully acknowledge copyright permissions granted for reproduction of passages from the following:

Le Journal Français d'Amérique
1051 Divisadero Street
San Francisco, CA 94115

Le Nouvel Observateur
54, rue de Paradis
75498 Paris, France

Femme d'Aujourd'hui
73, rue Pascal
75013 Paris, France

France-Amérique
Suite 2600
330 West 42nd Street
New York, NY 10036

Le Gouvernement du Québec
Ministère du Tourisme

Mauriac, François. *Thérèse Desqueyroux*. Bernard Grasset. Edition Livre de Poche, Paris, 1974. pp. 8-9. ISBN: 2-253-00421-9.

Art Work: Ken Wilson and Charles D. Noyes

Cassette Recordings: Hagens Recording Studio, Inc.
Princeton, NJ 08540

A Nos Familles

Remerciements

Nous voudrions exprimer ici notre reconnaissance envers tous ceux qui nous ont aidées et encouragées au cour de ce projet—ce qui nous a permis de réaliser ces manuels. Nous remercions Madame Nathalie Dyer et Monsieur Claude Mauriac de nous avoir accordé le droit de reproduction d'un passage de François Mauriac, et nous remercions aussi Madame Renée White, qui a consacré de longues heures à la correction des épreuves.

Nous tenons à remercier tout particulièrement Madame Régine Reynolds-Cornell, non seulement des heures consacrées à lire le manuscrit, mais également de son support inlassable et de son aide constante, sans lesquels notre travail n'aurait jamais porté fruit.

En dernier lieu, nous remercions chaleureusement notre éditeur, Monsieur David Greuel, de son expertise et de ses précieux conseils, ainsi que de nous avoir fait confiance dans la préparation de la première, deuxième, et troisième édition de ces manuels.

Préambule

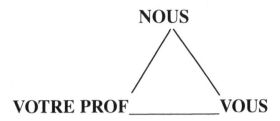

NOUS

VOTRE PROF _____ **VOUS**

TRIANGLE ... NOUS, VOTRE PROFESSEUR et VOUS — les trois éléments engagés dans ce projet. Ce triangle de coopération mutuelle est destiné aux étudiants du cours de langue avancé ou du cours préparatoire à l'examen de AP Langue.

Vous avez déjà appris à communiquer dans une langue qui n'est pas la vôtre, à lire et à comprendre ce que vous lisiez, et à écrire correctement dans un français simple, mais clair. Comme vous le savez, la grammaire française présente beaucoup de difficultés pour des anglophones. Vous devez donc l'apprendre par étapes, sur une base solide. En intégrant cette grammaire dans une structure verbale qui inclut tous les éléments du discours, vous arriverez à construire votre pyramide lexicale avec compétence. Un cours de langue avancé ou préparatoire à l'examen de AP Langue sera un point culminant des années passées à apprendre le français et à acquérir les connaissances nécessaires.

A la fin de la deuxième édition du Manuel de L'Etudiant nous avons ajouté un Lexique, dictionnaire bilingue abrégé Français-Anglais, des mots les moins courants trouvés dans les quatre différentes sections du manuel. Les traductions données en premier sont celles du sens du mot dans le livre. La troisième édition reflète les changements effectués dans l'examen de AP Langue à partir de mai 1998.

Dans ce manuel, vous trouverez des exercices multiples portant sur les différents aspects d'un examen compréhensif, tel celui de AP Langue, qui, à notre avis, porte sur les éléments essentiels de ce qu'un étudiant devrait savoir dans un cours de langue avancé. Nous vous invitons à travailler en classe avec votre professeur qui a tous les textes imprimés aussi bien que les clés dans son Manuel du Professeur, ou à travailler individuellement chez vous ou au laboratoire de langue avec la cassette appropriée. Les progrès que vous pouvez faire en vous appliquant avec assiduité vous surprendront.

Nous espérons que vous trouverez **TRIANGLE** utile et intéressant et que vos efforts seront amplement récompensés.

CFD
JJS

Table des Matières

I. A Vous d'Ecrire!

Formes Verbales - Phrases:

Le Conditionnel

Rappel à l'Etudiant!

Pour les phrases dites **conditionnelles**, on suit, en général, le schéma suivant:

Si	Proposition Principale
présent—————	présent, futur, impératif
imparfait———\——	conditionnel présent
plus-que-parfait—-\——	conditionnel passé

***Attention*!**   1. Toutes les phrases **avec** *si* ne sont pas automatiquement conditionnelles. *Ex.: Je ne sais pas **si** j'irai à Nice ou à Paris.*
2. Il existe également des phrases **sans** *si* où le verbe peut être au conditionnel. *Ex.: Nous ferions bien de partir avant la neige.*

Remplacez le tiret par une forme convenable du verbe entre parenthèses.

1. Si les chiens (aboyer) _____ moins la nuit, je serais plus tenté par l'idée de devenir propriétaire d'un chenil.

2. Je me lancerais facilement dans cette affaire si elle (rapporter) _____ plus de bénéfices.

3. Si tu ne (pouvoir) _____ pas te taire, sors tout de suite.

4. Elle, elle aurait téléphoné à la police si elle (se trouver) _____ _____ dans une situation pareille.

5. Marthe et Renée? Mais tu les (voir) _____ si tu étais arrivé plus tôt!

6. On aimerait penser que si on persévérait, on (réussir) _____.

7. Si la fièvre n'a pas baissé demain, (rappeler) _____ -moi.

8. S'il refusait de faire ses devoirs, c'est à bon droit qu'il (être) _____ mal noté par le professeur.

9. Si j'invite un copain à m'accompagner au cinéma, d'habitude je lui (offrir) _____ de payer son billet.

10. Si ces hommes politiques continuent à dire tant de bêtises, ils (finir) _____ par irriter les électeurs, et personne ne (voter) _____ pour eux.

11. Je n'aurais jamais cru qu'il tenait à ces idées-là si vous (ne pas m'en montrer) _____ les preuves.

12. Si Hélène (se marier) _____ avec quelqu'un d'autre, elle aurait peut-être été plus heureuse qu'elle ne l'est maintenant.

13. Ce matin, je n'avais pas la moindre idée si notre sortie d'hier soir lui (plaire) _____ ou non, car elle n'a pas voulu m'en parler.

14. Le propriétaire l'a avertie que si elle ne (payer) _____ pas la facture, l'EDF lui couperait le gaz et l'électricité.

15. Mon mari et moi (ne pas partir) _____ à vélo si nous avions entendu les prévisions météorologiques de ce matin.

16. Catherine est déprimée si elle (ne pas faire) _____ une promenade tous les jours.

17. Je ne sais pas si je (bien comprendre) _____ ce qu'il m'a dit hier soir.

18. Si tu avais pu nous accompagner à Lascaux, tu (s'y plaire) _____ _____, j'en suis sûr.

19. Si vous (rejoindre) _____ les Boucicault avant la fin du voyage, dites-leur bonjour de ma part.

20. Le colonel (renoncer) _____ à sa pension militaire si le conseil judiciaire l'avait déclaré coupable.

21. D'après les journaux, les grévistes (passer) _____ trois semaines pénibles avant d'accepter le compromis.

22. Il n'aurait pas porté son anorak si on (ne pas lui dire) _____ _____ qu'il allait neiger.

23. Comme l'heure était avancée, il voulait savoir si elle (avoir) _____ l'intention de l'accompagner ou non.

24. Si elle n'avait pas voulu nous impressionner, pourquoi (acheter) _____ -elle _____ une nouvelle voiture de sport?

25. Si on vous (mieux renseigner) _____ à ce sujet, Marcel, vous ne vous seriez pas trompé.

26. J'aurais bien voulu voyager en France cet été; si seulement je (savoir) _____ que les visas n'étaient plus nécessaires, je serais parti à la dernière minute!

27. Elle (avoir) _____ le dos cassé si elle n'avait pas porté sa ceinture de sécurité ce jour-là.

28. Si elle n'aimait pas les statues, elle (ne pas se précipiter) _____ au Musée d'Orsay dès son arrivée à Paris.

29. Si les couleurs vives (ne pas la passionner) _____ _____, elle ne serait pas devenue peintre.

30. Si les motards vous (surprendre) _____ en excès de vitesse, ils vous arrêtent et vous donnent une contravention.

31. Si je n'avais pas de répondeur, je (manquer) _____ la moitié de mes communications téléphoniques.

32. S'il arrivait à prouver son alibi, il (ne pas avoir) _____ besoin de comparaître devant le juge.

33. En cas de litige, si l'on veut obtenir gain de cause, il (falloir) _____ persévérer longtemps.

34. Si on ne trouve pas bientôt un remède contre le SIDA, cette maladie (risquer) _____ d'anéantir notre civilisation.

35. (Courir) _____ vite si tu veux remporter la victoire!

36. Si le taux d'échange montait à un niveau plus avantageux, je (être) _____ plus tentée par un voyage en Europe.

37. (Etre) _____ -il si croyant aujourd'hui s'il n'avait pas frôlé la mort plusieurs fois?

38. Il (pouvoir) _____ le faire aisément s'il le voulait.

39. L'envoyé spécial (arriver) _____ plus tôt s'il n'avait pas été détenu par la police sous prétexte d'entrée illégale dans ce pays.

40. Nous (savoir) _____ nous débrouiller si jamais nous devions nous mettre à travailler à l'étranger.

41. L'inondation n'aurait pas été si grave s'il (s'arrêter) _____ _____ de pleuvoir deux jours plus tôt.

42. Il ne savait pas si elle (compter) _____ aller au bal du weekend suivant.

43. S'il (faire) _____ réparer sa voiture la semaine dernière comme il l'avait prévu, il ne serait pas tombé en panne aujourd'hui.

44. Les gadgets étaient si abondants qu'on (pouvoir) _____ en acheter dans n'importe quel magasin.

45. Nous (préférer) _____ partir par le train de 14 heures demain s'il restait de la place; sinon, nous partirons après demain.

46. Si vous étudiez chaque jour, vous (ne pas avoir) _____ _____ de difficulté avec les examens.

47. Si vous (étudier) _____ davantage, vous réussiriez mieux.

48. Régine n'hésiterait pas à passer la soirée à danser si un jeune homme sympa le lui (proposer) _____.

49. David (ne pas passer) _____ trois jours à l'hôpital s'il était allé voir un médecin plus tôt.

50. Michel serait drôlement choqué si sa femme (revenir) _____ avec une nouvelle bagnole.

Le Subjonctif

Rappel à l'Etudiant!

Le subjonctif est un mode employé dans certains cas spéciaux, notamment

1. après certaines **expressions impersonnelles**
2. après certains **verbes** ou **expressions verbales** indiquant le doute et tout ce qui s'y rattache
3. après certaines **conjonctions**
4. dans les phrases indiquant **un jugement** ou **une émotion quelconque** (*Attention aux verbes espérer, penser, croire, savoir, et dire qui demandent le subjonctif seulement au négatif ou à l'interrogatif.*)
5. après les verbes exprimant **une volonté, un souhait, un désir**
6. après **un superlatif** ou **une expression superlative**

N.B. Si le sujet est le même dans les deux propositions (principale et subordonnée), le subjonctif est évité; on emploie de préférence un substantif ou un infinitif.

Remplacez le tiret par la forme convenable du verbe entre parenthèses.

1. Il est important que nous (savoir) _____ comment nous y prendre.

2. Il est temps que tu (se taire) _____!

3. Nous regrettons que vous (ne pas revenir) _____ demain.

4. Je crains bien qu'il ne (prendre) _____ jamais de poids.

5. Je veux que mes amis (être) _____ honnêtes avec moi.

6. Elle préfère que nous ne la (voir) _____ plus.

7. Es-tu bien sûr que tes parents (ne pas avoir) _____ d'objections à ce que nous (aller) _____ camper le weekend prochain?

8. Pour (s'en sortir) _____, il lui a fallu beaucoup de volonté.

9. Quoi que vous en (dire) _____, ce film est excellent.

10. Il ne connaît personne qui (pouvoir) _____ faire ce travail.

11. Afin qu'elle (finir) _____ par accepter ce poste, il faudra lui offrir un bon salaire.

12. Avant que tu ne me (répondre) _____, pèse le pour et le contre de la chose.

13. Mon père cherche une secrétaire qui (savoir) _____ se servir d'un ordinateur.

14. Habituellement, après qu'ils (finir) _____ leurs devoirs, leur mère les laisse regarder la télé.

15. Quelque fort que vous (être) _____, vous devez vous reposer.

16. Qui que vous (choisir) _____ comme partenaire, réfléchissez bien avant de (prendre) _____ une décision!

17. Nous voulons un chien qui ne (perdre) _____ pas ses poils.

18. Elles cherchent toujours un lieu de vacances qui ne (être) _____ pas trop onéreux.

19. Mes parents souhaitent que nous (se marier) _____ au printemps de l'année prochaine.

20. Nous sommes surpris que vous (ne pas vouloir) _____ _____ les revoir dimanche dernier.

21. Il vaut mieux que je (ne pas aller) _____ au cinéma ce soir.

22. Il est peu probable qu'elle (réussir) _____ à ses examens à la fin de l'année.

23. Je doute beaucoup que l'eau (être) _____ potable dans ce train!

24. Penses-tu que Marc (venir) _____ à la boum de Nicole samedi prochain?

25. Ce sont les enfants qui (me demander) _____ toujours du chocolat quand je reviens de France.

26. Il se peut qu'il (pleuvoir) _____ cette nuit. Les oiseaux volent très bas.

27. Quoi qu'il (promettre) _____ avant son élection, il est essentiel qu'il (tenir) _____ ses promesses.

28. Le seul défaut que je lui (connaître) _____ est celui d'être trop franc.

29. Si votre père s'oppose à ce que vous (prendre) _____ la voiture, il va falloir que vous (rester) _____ à la maison ce soir, mes enfants. Quel dommage que votre père (être) _____ si inflexible!

30. Le président du tribunal avait demandé que le témoin lui (dire) _____ toute la vérité.

31. Je n'ai jamais vu de mobilier qui (être) _____ de si mauvais goût!

32. Mais tout est réglé d'avance! Comment voulez-vous qu'il y (avoir) _____ _____ une erreur?

33. Ce serait de la folie de (sortir) _____ par une nuit pareille quoi qu' (annoncer) _____ la météo de ce matin.

34. L'ingénieur aurait souhaité que son équipe (pouvoir) _____ terminer les travaux avant l'arrivée des gelées.

35. Les routes étaient toujours couvertes de neige bien que les chasse-neige (passer) _____ plusieurs fois pendant la nuit.

36. Mon père préfère que nous (économiser) _____ l'argent gagné pendant l'été.

37. J'espère que cette nouvelle politique (s'appliquer) _____ aux élections à venir.

38. Qu'il (être) _____ compétent, c'est le moins qu'on (pouvoir) _____ dire.

39. Se peut-il qu'on nous (laisser) _____ tomber depuis un moment?

40. Il est temps que vous (savoir) _____ que nous ne (désapprouver) _____ pas de vos procédés, mais il est à craindre que le résultat (ne pas correspondre) _____ à ce que nous aurions souhaité.

41. Il est douteux que le malfaiteur (sortir) _____ de prison avant cinq ans.

42. Peu importe que l'on (savoir) _____ ou que l'on (ignorer) _____ les raisons de son comportement.

43. On s'était arrangé pour que rien ne (paraître) _____ anormal.

44. C'est le moins que tu (pouvoir) _____ faire.

45. C'est l'étude la plus approfondie qu'on (faire) _____ dans ce domaine.

46. Mon Dieu! Que cet enfant (réussir) _____ à ses examens!

47. Ma pauvre petite, nous sommes désolés que votre mère (devoir) _____ aller à l'hôpital la semaine dernière.

48. Elle n'espère malheureusement pas qu'il (pouvoir) _____ rentrer pour les fêtes.

49. Ils ont eu une peur bleue que nous ne (manquer) _____ le dernier train hier soir.

50. Il vaut mieux que vous (partir) _____ un peu plus tôt afin de ne pas (manquer) _____ l'avion.

Les Passés

Rappel à l'Etudiant!

Il y a plusieurs temps du *passé* en français, et il faut bien distinguer entre leurs emplois:

1. **L'imparfait:** employé notamment pour un état d'être au passé
2. **Le passé composé:** employé notamment pour une action achevée
3. **Le plus-que-parfait:** employé pour une action antérieure à celle d'un passé composé ou d'un imparfait
4. **Le passé simple:** temps plutôt littéraire pour exprimer une action achevée dans le passé
5. **Le passé antérieur:** temps plutôt littéraire employé après certains adverbes
6. **Le passé surcomposé:** forme familiaire du passé antérieur
7. **Le futur antérieur:** pour exprimer une action passé par rapport à un moment précis du futur
8. **Les passés du conditionnel** et **du subjonctif:** *voir sections appropriées*

N.B. Pour tout verbe composé au passé, il faut faire très attention à **l'accord** du participe passé avec l'objet direct qui **précède** le verbe. Si l'objet direct est placé **après** le verbe, il n'y a pas d'accord. *Attention aux verbes pronominaux: n'oubliez pas que tous les pronoms qui précèdent les verbes ne sont pas automatiquement des objets directs!*

Remplacez le tiret par la forme convenable du verbe entre parenthèses.

1. Ils ne s'étaient pas parlé depuis des années quand ils (se revoir) _____ _____ par hasard chez des amis communs.

2. Après que nous (finir) _____ notre travail, nous pourrons téléphoner à nos amis.

3. Mes amis (descendre) _____ mes valises hier soir.

4. Tout en essayant de la décourager de s'en servir, je lui (passer) _____ le sel quand elle me l'a demandé.

5. Mon mari et moi étions en Europe ce Noël dernier et nous (passer) _____ par Paris.

6. Ils se mirent à rire dès que l'enfant (entrer) _____ en scène.

7. L'année passée, quand je (terminer) _____ mes devoirs, je pouvais regarder la télévision.

8. Quand elle est venue me voir hier soir, il (pleuvoir) _____ à seaux.

9. Il y avait déjà un bon moment que je (réfléchir) _____ à la question quand mon frère (me suggérer) _____ une solution facile.

10. Nous (avoir) _____ tous l'impression qu'elle avait triché.

11. Dès qu'elle (voir) _____ cette robe dans la vitrine, elle a voulu l'acheter.

12. Ils (se marier) _____ le 2 janvier 1989.

13. Samedi dernier ils (se rappeler) _____ à temps l'anniversaire de leur mère, mais ils (ne pas se souvenir) _____ de celui de leur petite sœur.

14. Est-ce que tu (se servir) _____ de ton nouveau stylo hier, ma chérie?

15. Mes jeans? Maman les (laver) _____ hier.

16. Hier matin, il était si pressé qu'il (oublier) _____ de (se peigner) _____.

17. Pendant toute la soirée d'hier, mes deux frères (se battre) _____ _____ sans arrêt.

18. L'année dernière, mes amies (se baigner) _____ dans la Méditerranée.

19. Hier, le professeur nous (montrer) _____ de belles diapos sur la Provence.

20. Pendant la guerre de 1914, bien des soldats (être blessé) _____ _____ et (beaucoup souffrir) _____.

21. Quels livres est-ce que Paul (acheter) _____ hier?

22. Comme ils s'étaient disputés, ils (ne pas se parler) _____ _____ pendant toute la semaine.

23. Hier Josie, Carole, et moi (se promener) _____ _____toutes les trois pendant plus de deux heures tout en (discuter) _____ de nos projets d'avenir.

24. Dans ma jeunesse, je (faire) _____ du cheval tous les jours.

25. L'été dernier je (faire) _____ de la planche à voile deux fois.

26. Lorsque nous (terminer) _____ notre déjeuner, nous sortions faire un tour dans la cour de l'école.

27. Je (dormir) _____ profondément quand le téléphone m'a réveillée pendant la nuit.

28. Après (vendre) _____ leur maison de campagne, mes grands-parents (finir) _____ par s'adapter à la vie en ville.

29. La pauvre femme (déjà mourir) _____ quand l'ambulance est arrivée.

30. En arrivant dans le village, il (apercevoir) _____ tout de suite la jolie église romane et en (noter) _____ le clocher; il (admirer) _____ également les vieilles maisons qui l'(entourer) _____.

31. C'est avec beaucoup de regrets qu'ils (quitter) _____ leur ville natale l'année passée.

32. Aussitôt que ses parents (sortir) _____, elle se précipita au téléphone.

33. Nous avons tous poussé un soupir de soulagement lorsqu'ils (arriver) _____ en bas de la piste sans aucun problème.

34. Juste avant de partir hier matin, et dès que Gilberte (finir) _____ _____ ses bagages, nous avons appelé un taxi pour nous conduire à la gare.

35. Aussitôt que Marthe (faire) _____ ses bagages, nous l'emmènerons à l'aéroport.

36. Après que les enfants avaient joué dehors pendant plusieurs heures, ils (rentrer) _____ toujours affamés.

37. Après qu'ils eurent gagné la bataille, ils (se féliciter) _____.

38. Elle (souffrir) _____ déjà depuis un moment quand le docteur l'a auscultée.

39. Il y avait plus de deux ans que nous n'avions pas vus nos amis italiens quand nous les (apercevoir) _____ à la terrasse d'un café des Champs-Elysées.

40. Nous (ne point s'écrire) _____ depuis la mort de sa mère.

41. Je (ne jamais voir) _____ de ma vie un spectacle aussi grandiose que celui d'hier soir.

42. Selon certains rapports, la commission d'enquête (être) _____ sur la piste de découvertes sensationnelles.

43. Ce ne sont pas celles que je (écrire) _____ la semaine passée.

44. Ce ne sont pas celles auxquelles je (écrire) _____ la semaine passée.

45. Après que les locataires (être couché) _____ il se mit à faire du tapage.

46. Elles (se dire) _____ au revoir trois fois avant de se quitter.

47. Chaque fois que nous (peindre) _____ un tableau d'après nature, notre professeur pensait que nous (copier) _____ une carte postale.

48. Le tremblement de terre annoncé l'(effrayer) _____ tellement qu'il ne dormait plus.

49. Après que leurs invités furent partis, ils (remettre) _____ la maison en ordre.

50. Jeannine, à quelle heure est-ce que tu (se coucher) _____ hier soir?

Un Peu de Tout!

Remplacez le tiret par la forme convenable du verbe entre parenthèses.

1. Compte sur moi. Je téléphonerai aussitôt que nous (arriver) _____ _____ à Londres.

2. Alors que nous (être) _____ tous rassemblés, Guy a choisi ce moment-là pour annoncer sa démission.

3. Tu (devoir) _____ me le dire il y a longtemps si tu voulais que je le (savoir) _____ .

4. Quand Solange (finir) _____ sa dissertation, elle sera bien soulagée et sans doute moins tendue.

5. Quel dommage! Quand il est arrivé, nous (déjà sortir) _____ _____ .

6. En se réveillant hier matin elle (se rendre compte) _____ _____ qu'il (devoir) _____ faire froid pendant la nuit parce qu'il y (avoir) _____ de la condensation sur les vitres.

7. Le trimestre passé elle (prendre) _____ l'habitude de déjeuner à sept heures; mais ce trimestre-ci elle (déjeuner) _____ à huit heures et demie.

8. Elle m'a promis qu'elle ne le (faire) _____ plus jamais.

9. Ils ont refusé de révéler le contenu des lettres qu'ils (s'écrire) _____ _____ tout au cours de leurs vingt années de mariage.

10. Elle avait déjà décidé ce qu'elle lui dirait dès qu'elle le (voir) _____ le lendemain.

11. Quand ils (aller) _____ à Paris l'été dernier, Maryse et lui ont visité Beaubourg.

12. Une fois que je (lire) _____ l'article que tu m'as signalé, je t'en donnerai mon avis.

13. Ta fiancée a vu qu'il (se faire) _____ un peu tard, mais n'a rien voulu te dire.

14. Quelque fort qu'il (se croire) _____ en maths, il n'obtiendra jamais le premier prix.

15. Dès que je le (voir) _____, je l'ai détesté.

16. (Vouloir) _____ -tu me rendre ce service, Pierre? Je t'en serais bien reconnaissant.

17. Il n'y a personne de si indépendant qu'il n'(avoir) _____ jamais besoin d'un ami.

18. Son ami lui a dit qu'il (devoir) _____ réfléchir avant d'avoir entrepris cette tâche.

19. En entrant dans la chambre de son fils hier soir, sa mère (s'apercevoir)

_____ que l'enfant (devoir) _____ manger

quelque chose qui ne lui avait pas réussi, car il était vraiment très malade.

20. (Se taire) _____ et fais ce que je te dis!

21. Quelle insolence! Quand je lui ai demandé ce qu'il avait fait de l'argent, il (ne

pas vouloir) _____ me répondre.

22. Cela faisait cinq ans que je (conduire) _____ sans permis

quand on m'a enfin arrêté.

23. Mais Monsieur, comment se fait-il que mon nom (ne pas figurer)

_____ sur la liste actuelle? Il (devoir) _____

y avoir un malentendu.

24. Oui, je connais les frères Vidal, mais je (ne pas les voir) _____

_____ depuis trois ou quatre ans.

25. Voilà quarante minutes que nous (attendre) _____ son arrivée.

Crois-tu qu'il (venir) _____ bientôt?

26. Thérèse a pris ses vacances en mai dernier, tandis que sa sœur Hélène (attendre)

_____ le mois d'août prochain pour prendre les siennes.

27. Pendant que Chantal (prononcer) _____ son discours hier soir, je

dois avouer que je (s'ennuyer) _____ royalement.

28. Elle (ne pas aller) _____ en Suède depuis trois ans.

29. Chaque fois que ce gosse (voir) _____ sa vieille tante, il lui

tirait la langue.

30. Hier matin, le professeur a félicité ses élèves de (finir) _____

leurs devoirs à temps.

31. La triste image qu'il (peindre) _____ de son enfance a profondément ému ses auditeurs.

32. Comme il (être) _____ très ambitieux et sans scrupules, il réussira en politique!

33. Louis s'est évadé de la prison pendant que les gardiens (dormir)

_____.

34. Lorsque vous (être) _____ à la plage ce weekend, faites attention au soleil!

35. Il est tellement plus gentil depuis qu'elle lui (dire) _____ ses quatre vérités.

36. Depuis que son ancienne amie nous a dit toute la vérité, je (ne plus se fier)

_____ à Charles.

37. Les Vincent (vivre) _____ quinze ans à Antibes et quatre ans à Biarritz avant de s'établir définitivement à Royan.

38. Etant donné que nous n'(avoir) _____ toujours pas de nouvelles, ce n'est pas la peine que vous veniez nous voir.

39. Elle s'est cassé la cheville en (tomber) _____ dans l'escalier.

40. Ils nous ont assuré qu'à l'avenir nous (être) _____ mieux payés.

41. Dans son article il a souligné qu'à partir de maintenant il (falloir)

_____combattre ces tendances fâcheuses.

42. Si nos plats vous déplaisent tellement, (se plaindre) _____ au chef!

43. Mais où diable sont les belles tomates que je (laisser) _____

_____ sur le rebord de la fenêtre hier soir?

44. (Avoir) _____ très mal à la tête, elle ne s'est même pas levée ce matin.

45. Il y avait dix ans qu'il faisait huit kilomètres de course à pied par jour quand il (subir) _____ sa première crise cardiaque.

46. Georges, trouve-moi un garagiste qui (être) _____ honnête!

47. En voyant ce magnifique panorama, elle (sortir) _____ l'appareil de son sac et a vite pris une photo.

48. Les voyous (partir) _____ depuis bien longtemps quand la police est arrivée.

49. Quelles que (être) _____ les préférences des citoyens d'un pays, les hommes politiques en font souvent à leur tête.

50. Quand j'étais à l'école primaire, je (se battre) _____ constamment avec mes petits copains.

51. J'ai dit à mon frère que sa petite amie l' (appeler) _____ _____ l'autre soir pendant qu'il (rédiger) _____ sa dissertation à la bibliothèque.

52. J'ai demandé à mes parents ce qu'ils (faire) _____ pour faire passer le temps quand ils avaient mon âge.

53. J'ai bien l'impression que personne ne (vouloir) _____ le faire la prochaine fois qu'il nous le proposera.

54. Mais qu'est-ce que ça peut te faire? (S'occuper) _____ de tes oignons!

55. Lionel s'est demandé l'autre jour s'il (vouloir) _____ vraiment faire son droit ou non.

56. Nous étions tous sûrs que le chien (aboyer) _____ s'il n'avait pas d'eau fraîche.

57. Après (se disputer) _____ bruyamment, les deux amis se sont calmés et ont fini par aller prendre un pot ensemble.

58. Elle me (décevoir) _____ si souvent qu'enfin je (décider) _____ de lui dire que je (ne plus vouloir) _____ la voir.

59. Il avait neigé toute la matinée et les routes étaient glissantes; le chauffeur de taxi (devoir) _____ savoir qu'il fallait conduire prudemment, mais il allait à toute vitesse quand sa voiture (déraper) _____ et (tamponner) _____ une camionnette arrêtée au feu.

60. Avant que Stéphane ne parte, son père (vouloir) _____ le prévenir de la mauvaise condition des routes, mais celui-ci (refuser) _____ de l'écouter.

61. Jean-Luc (souffrir) _____ encore énormément après son accident du mois dernier.

62. Il (venir) _____ de rentrer quand il a reçu le coup de téléphone.

63. Quand je l'ai vu, il (prendre) _____ des photos de jeunes enfants qui (jouer) _____ au ballon devant l'école.

64. Dès que je (savoir) _____ que la soirée avait été remise, j'ai téléphoné tout de suite à Nicole.

65. Lorsqu'il (recevoir) _____ son chèque à la fin du mois, il en mettra une partie à la banque.

66. Il lui (falloir) _____ défoncer une porte pour (s'évader) _____ de sa chambre l'autre jour.

67. Cela m'étonnerait qu'elle (vouloir) _____ te revoir après ce que tu lui as fait.

68. Elles (ne pas retourner) _____ en France depuis la guerre.

69. Dès que tu (avoir) _____ un instant, mets de l'eau à bouillir.

70. Chaque fois que vous (atteindre) _____ votre but, vous semblez en tirer beaucoup de satisfaction.

71. La leçon qu'il nous (apprendre) _____ à l'école ce jour-là est restée figée dans notre mémoire.

72. Le tableau (peindre) _____ en noir et blanc est celui qui me (plaire) _____ le plus, actuellement.

73. Juste avant le dîner elle (rentrer) _____ la voiture au garage car il commençait à pleuvoir.

74. Ses attaques (devenir) _____ de moins en moins fréquentes, ce qui lui permettait de circuler davantage dans le quartier.

75. Les enfants (manger) _____ de la barbe à papa tout l'après-midi, même après avoir fait un bon déjeuner!

76. On ne le (croire) _____ plus, tant il avait menti!

77. D'après les journaux, la crise financière ne (durer) _____ pas longtemps.

78. Pour le peu qu'il (savoir) _____, il se débrouille remarquablement bien!

79. (Saisir) _____ le moment, voilà l'essentiel!

80. Ne t'en fais pas. Ils nous ont assurés hier qu'ils (arriver) _____ _____ à l'heure convenue.

81. Elles ont réagi ainsi parce qu'elles (ne pas se rendre compte) _____ _____ du danger imminent.

82. Toute l'argenterie qu'ils (découvrir) _____ dans la maison de leur vieille tante ne leur a pas beaucoup rapporté à la vente.

83. Après (partir) _____ pendant trois ans, un beau jour, comme si de rien n'était, elles sont apparues sur notre seuil.

84. Quant aux verbes, après les (étudier) _____ pendant longtemps, on en vient à bout.

85. Quand nous étions jeunes, nous (réussir) _____ toujours bien à ce que nous faisions.

86. Cela (faire) _____ au moins trois ans qu'il étudiait le russe quand il est allé à Moscou.

87. Toutes les heures qu'il nous (falloir) _____ pour arriver à cette décision en valaient bien la peine.

88. (S'approcher) _____ doucement de cet animal; il risque de te mordre.

89. Les troupes ennemies ont été (vaincre) _____ le 3 mars et (se rendre) _____ le 4 au petit matin.

90. Tu (cueillir) _____ des fleurs demain s'il fait vraiment beau.

91. Il était enchanté de la Porsche qu'il (louer) _____ pendant ses vacances au bord de la mer.

92. Félicitations! Une bonne chose de faite! Vous (devoir) _____

_____ travailler d'arrache-pied pour pouvoir finir cette rédaction avant la date limite.

93. La maison (se détériorer) _____ chaque jour davantage, si bien que finalement ils ont été obligés de la vendre.

94. Ce matin quand Nicole (se réveiller) _____, elle était contente de voir qu'il (neiger) _____toujours.

95. Si je (ne pas se coucher) _____ bientôt, je vais m'endormir devant mes bouquins.

96. Dans un théâtre, on ne (se servir) _____ des strapontins que si la salle est comble, car ils sont peu confortables.

97. Tu devrais prendre ton manteau au cas où il (faire) _____ froid.

98. Si elle était plus gentille et moins pleurnicharde, elle (avoir) _____ plus d'amis.

99. Quoi que l'avocat vous (promettre) _____ avant le procès, il est essentiel que vous (acceptez) _____ la décision des jurés.

100. Dès que le prisonnier (essayer) _____ de s'échapper, les agents lui sautèrent dessus.

101. Lorsqu'ils eurent fini d'admirer le coucher du soleil, ils (s'embrasser)

_____.

102. Il fait d'énormes progrès depuis que Suzanne l'(aider) _____ avec ses devoirs.

103. Il y a plus d'une demi-heure que je vous (attendre) _____!

104. Aujourd'hui, après (faire) _____ du football pendant des années, je (ne plus pouvoir) _____ me mettre à genoux sans que ma jambe ne me (faire) _____ mal.

105. Samedi, après que tu auras rangé ta chambre, nous (aller) _____ au cinéma.

106. Vous partirez dès que vos valises (être bouclé) _____!

107. Pendant que tu (bûcher) _____, (envoyer) _____ promener ta petite amie!

108. Nous, au lycée, nous (étudier) _____ pendant des heures pour préparer nos examens, alors qu'elle, elle recevait toujours des notes mirobolantes sans rien faire.

109. Quand nous (se voir) _____ pour la première fois, il portait une barbe.

110. Comme j' (attendre) _____ leur arrivée d'une minute à l'autre, j'ai mis mon manteau pour être prête à partir.

111. Si le gouvernement (réduire) _____ leurs subventions, certains hôpitaux fermeraient leurs portes.

112. Le docteur a annoncé que plus la maladie (se prolonger) _____ _____, plus le traitement serait pénible.

113. Il a trouvé une voiture qui lui (convenir) _____ parfaitement!

114. Nous craignons que notre équipe de basket (ne pas remporter) _____ la victoire ce soir.

115. Je (savoir) _____ au ton de sa voix qu'elle avait des ennuis.

116. Nous sommes ravis que votre fils (réussir) _____ à obtenir son permis de conduire la semaine dernière.

117. Nous sommes ravis de savoir que votre fils (réussir) _____ à obtenir son permis de conduire la semaine dernière.

118. Ta mère était ravie que tu (gagner) _____ le match de tennis contre ton redoutable adversaire dimanche dernier.

119. Nous lui verserons un acompte demain soir pour qu'il (commencer) _____ les travaux après-demain.

120. L'hiver dernier, le docteur nous a donné un sirop qui (être) _____ merveilleux pour la toux.

121. Quels que (être) _____ vos sentiments, vous devez vous ranger à l'opinion générale.

122. Puisque nous (être) _____ entre nous, tu peux tout me raconter.

123. Il faut tout faire pour (alléger) _____ le traumatisme d'une opération.

124. J'aimerais tellement qu'ils (réussir) _____ à leurs examens à la fin de l'année.

125. Il (valoir mieux) _____ la contacter directement par téléphone la semaine passée plutôt que d'attendre une réponse écrite.

126. Quand le bébé (s'arrêter) _____ de pleurer, ses parents ont poussé un gros soupir de soulagement.

127. Les contribuables s'attendent à ce que les impôts (être également réparti) _____ afin que personne ne (devoir) _____ payer plus que sa juste part.

128. Si quelqu'un (savoir) _____ la bonne réponse, qu'il nous la (dire) _____ !

129. Est-ce que tu ne connais pas par hasard un petit resto dans le coin qui (servir) _____ un bon steak-frites?

130. A l'heure de mourir, la pauvre femme pensa qu'elle (ne pas avoir) _____ de grandes joies dans sa vie, mais que malgré tout elle (ne jamais perdre) _____ courage et (rester) _____ optimiste.

131. Elle ne m'a rien dit au sujet de la fête d'hier soir, mais je doute qu'elle (s'y amuser) _____.

132. Où qu'on (aller) _____, il est rare de trouver des chefs qui (avoir) _____ la compétence requise.

133. Quand vous partirez, veillez à ce que vous (éteindre) _____ la lampe.

134. Quelque riches qu'ils (être) _____, ils ont toujours l'air miteux.

135. Cela (faire) _____ deux mois que le poste est vacant.

136. Il est certain que nos parents ne nous (laisser) _____ pas y aller demain soir.

137. J'espère toujours qu'il me (téléphoner) _____ un jour.

138. Elle a peur que son frère n' (avoir) _____ un accident d'avion s'il devient pilote.

139. Elle nie totalement que vous l' (voir) _____ avec Bernard hier.

140. A condition qu'il (ne pas pleuvoir) _____, nous irons au centre commercial samedi.

141. Si l'on (pouvoir) _____ trouver des empreintes sur la poignée de la porte, on saurait sans aucun doute qui nous a cambriolés.

142. Ils (se trouver) _____ dans de beaux draps, s'ils ne s'étaient pas aperçus de leur erreur.

143. S'il ne m'avait pas téléphoné, je (ne jamais savoir) _____ _____ qu'il avait passé trois jours à l'hôpital.

144. Je suis navré qu'elle (tomber) _____ sur la glace hier.

145. Quelle agréable surprise! Je (ne jamais croire) _____ _____ qu'un homme aussi médiocre que lui soit capable de prendre une telle décision.

Formes Verbales en Contexte

Rappel à l'Etudiant!

Afin de choisir le temps convenable pour chaque infinitif, **lisez d'abord tout le paragraphe**, en essayant de comprendre l'intention de l'auteur. Quand vous pensez comprendre ce que dit l'auteur, procédez phrase par phrase en vérifiant les temps de verbes dans le contexte du paragraphe. **Respectez le style du passage** et **relisez-le** pour vérifier si vous avez bien suivi l'idée de l'auteur.

Dans les passages qui suivent, mettez les verbes à la forme correcte en respectant le style des passages.

I.   Une Nuit de Frayeur

Eveline se rappellera toujours cette nuit d'hiver, il y a quelques années, où elle se trouvait seule dans l'immense maison d'un couple ami de ses parents. Les Delavigne (partir) 1. _été partis_ il y avait déjà une semaine pour l'île de Djerba, à l'est des côtes tunisiennes, et Eveline (garder) 2. _gardait_ la maison pendant leurs trois semaines d'absence. Ce (être) 3. _c'était_ un de ces soirs d'hiver où la lune (se cacher) 4. _se cachait_ sans cesse derrière des nuages d'orage, où le vent (tourbillonner) 5. _tourbillonnait_ dans les arbres du parc de la maison, et (souffler) 6. _soufflait_ incessamment sous les combles des deux tourelles qui (flanquer) 7. _flanquait_ le bâtiment principal. Il (ne pas pleuvoir) 8. _ne pleuvait pas_ encore, mais il y (avoir) 9. _avait_ déjà des éclairs qui (strier) 10. _striaient_ le ciel et des coups de tonnerre qui (sembler) 11. _semblait_ se rapprocher de plus en plus. Eveline (être plonger) 12. _____ dans un des derniers romans de Georges Simenon dont l'ambiance dramatique ne (s'allier) 13. _____

que trop bien avec l'atmosphère angoissante de la maison ce soir-là.

Tout à coup, elle (entendre) 14. _____ un bruit insolite, comme si quelqu'un (frapper) 15. _____ à la porte d'entrée d'une façon désespérée. Son sang (se figer) 16. _____ dans ses veines et elle (penser) 17. _____ s'évanouir de peur. Enfin elle (se diriger) 18. _____ vers la fenêtre de l'entrée et (voir) 19. _____ une voiture arrêtée devant la maison, les phares allumés, ce qui (empêcher) 20. _____ Eveline de la reconnaître. Les coups sur la porte (redoubler) 21. _____ et une voix cria, « Eveline, ouvre la porte! C'est moi! Ton amie Claire!» Eveline, rassurée mais (se sentir) 22. _____ un peu penaude, (ouvrir) 23. _____ enfin la porte et (embrasser) 24. _____ son amie avec effusion.

II.   Les Visiteurs

Si nous avions été plus malins, nous (ne jamais s'embarquer) 1. _____ dans une histoire pareille. Non seulement nous (falloir) 2. _____ -il aller chercher nos neveux à l'aéroport de New York en pleines heures de pointe, mais nous (devoir) 3. _____ les emmener avec nous dans notre maison de campagne où nous (être) 4. _____ pour une bonne partie de l'été. S'ils (être) 5. _____ plus vieux, ils (pouvoir) 6. _____ aider à repeindre la maison, à s'occuper du jardin, à faire ce qu'il y (avoir) 7. _____ à faire, enfin. Mais deux gosses de quatre et six ans, il faut s'occuper d'eux toute la journée, les faire jouer, les amuser, et surtout ne pas les laisser seuls au bord de l'eau! Mais, nous (promettre) 8. _____ à mon frère et à ma belle-sœur que nous (garder)

9. _____ les enfants pour qu'ils (pouvoir) 10. _____ aller ensemble au Japon, où mon frère (devoir) 11. _____ faire un voyage d'affaires.

Comme nous (pouvoir) 12. _____ le prédire, le plus jeune (être piqué) 13. _____ par une guêpe, l'aîné (tomber) 14._____ sur une pierre et (s'abîmer)15. _____ le genou, puis le plus jeune (tomber) 16. _____ malade avec une grippe intestinale.... Tout l'été (se passer) 17. _____ ainsi. Mais quand les parents sont finalement venus pour passer une semaine avec nous avant de repartir pour la France, rien n' (arriver) 18. _____ et les enfants ne (avoir) 19. _____ aucun problème! Quand ils (repartir) 20. _____, nous (être) 21. _____ d'abord contents de nous retrouver seuls, mais après un moment, les petits nous (manquer) 22. _____ terriblement, et nous (faire) 23. _____ déjà des projets pour qu'ils (revenir) 24. _____ l'été suivant.

III.   Compagnons de Voyage

Si nous avions su, jamais nous ne (choisir) 1. _____ _____ de (partir) 2. _____ avec ces gens-là! Ils (être) 3. _____ absolument odieux à tous les points de vue. Rien ne leur (plaire) 4. _____- ni les chambres, ni la nourriture, ni les endroits que nous (visiter) 5. _____. De plus, chaque fois que nous (devoir) 6. _____ être de retour dans l'autocar à une certaine heure, ils (être) 7. _____ de quinze à vingt minutes en retard, au moins! Le guide, une jeune italienne qui (se joindre) 8. _____ à nous dès

notre arrivée à Londres, (ne plus pouvoir) 9. _____ les supporter

après une semaine d'incessantes questions ridicules et de remarques négatives sur

tout ce que nous (faire) 10. _____ et (voir) 11. _____.

Elle (rester) 12. _____ polie, mais tout en (montrer)

13. _____ son dédain à ces deux couples plus qu'insupportables. Au point

où, lorsque nous (arriver) 14. _____ à Rome, en

Italie, elle (demander) 15. _____ un transfert, et le

monsieur qui l' (remplacer) 16. _____ pour le reste du voyage

(être) 17. _____ beaucoup moins aimable et patient, tout en

(être) 18. _____ aussi compétent comme guide.

IV.   Conseils

takes subjunctive

Il ne faut pas que vous (se tracasser) 1. _____ pour vos

enfants. Ce sont de jeunes adultes, à présent, qui ont leur vie à eux. Et quoi que vous

(faire) 2. _____ pour essayer de contrôler leurs allées et venues,

cela ne servira à rien; au contraire, ils (se tourner) 3. _____

contre vous. Lorsqu'ils (être) 4. _____ encore adolescents, ce (être)

5. _____ votre rôle de les (surveiller) 6. _____, de

(imposer) 7. _____ des limites à leurs sorties, et de (insister)

8. _____ pour qu'ils (rentrer) 9. _____ à une heure

raisonnable le soir. Mais maintenant, ils (gagner) 10. _____ leur vie,

ils vous (payer) 11. _____ une pension modeste, bien qu'ils (ne pas

pouvoir) 12. _____ encore avoir un appartement en ville. Le

coût de la vie est tel en ce moment que les jeunes (se trouver) 13. _____

dans une situation difficile qui les (obliger) 14. _____ souvent
à habiter avec leurs parents. Mais, ne vous (plaindre) 15. _plaigenez_ pas trop!
Vos enfants (contribuer) 16. _____ régulièrement aux frais de la
maison et (s'efforcer) 17. _____ de nettoyer leur chambre et de faire la
lessive toutes les semaines. Vous (avoir) 18. _____ vraiment beaucoup
de chance!

V.   Voyage dans le Jura

La semaine prochaine, après que mon amie Corinne (finir) 1. _____
le rapport qu'elle est en train de mettre au point, nous (allons) 2. _____
dans le Jura pour quelques jours. Là, nous (loger) 3. _____
dans un petit hôtel où nous (descendre) 4. _____ il y a
plusieurs années et qui nous (plaire beaucoup) 5. _____. A
cette époque de l'année, les arbres (avoir) 6. _____ des couleurs
extraordinaires; aussi nous (compter) 7. _____ faire beaucoup de
promenades à pied. Le soir, quand nous (faire) 8. _____ un excellent
dîner, car c'est le propriétaire qui fait la cuisine, nous (pouvoir) 9. _____
jouer aux échecs, ou aux cartes avec les autres pensionnaires, ou bien (regarder)
10. _____ des programmes intéressants à la télévision. Comme nous
(être) 11. _____ très fatiguées le soir après nos randonnées en montagne,
nous (dormir) 12. _____ sûrement comme des loirs!

VI.   Proverbes

Les proverbes sont universels. Quand je (être) 1. _____ adolescent, mon père me (dire) 2. _____ souvent, «C'est en forgeant qu'on devient forgeron» si je (négliger) 3. _____ de m'exercer au violon. Ma grand-mère, elle, me (déclarer) 4. _____ quand je (se disputer) 5._____ avec mon petit frère, «On a souvent besoin d'un plus petit que soi!» Si je (faire) 6. _____ des remarques désobligeantes sur le fait que mes amies (avoir) 7. _____ mauvaise langue, je (entendre) 8. _____ ma mère qui (murmurer) 9. _____ entre ses dents, «C'est la paille et la poutre». Mais lorsque je (étudier) 10._____ très dûr pour un examen et (recevoir) 11. _____ une mauvaise note, elle me (consoler) 12. _____ en me déclarant, «Après la pluie, le beau temps», ou encore, «Les jours se suivent mais ne se ressemblent pas». Je me rappelle encore mon grand-père me (faire) 13. _____ la remarque suivante au début du printemps, «En avril, n'ôte pas un fil; en mai, fais ce qu'il te plaît». Si je (se montrer) 14. _____ indécise sur le choix de cours à suivre à l'université, il me (dire) 15. _____ encore, «Paris ne s'est pas fait en un jour», en me (exhorter) 16. _____ à être plus patiente.

Tous ces proverbes et bien d'autres, (entendre) 17. _____ dans mon enfance, je les (utiliser) 18. _____ maintenant avec mes propres enfants.

VII.   **Projets de Voyage**

L'été prochain, je (aller) 1. _____ probablement faire un voyage en Europe. Je (aimer) 2. _____ prendre le paquebot QE II pour l'aller, et revenir avec Le Concorde. Après (prendre) 3. _____ mes billets, je (acheter) 4. _____ aussi des bagages pratiques pour tous les moyens de transport. Avant mon départ, je (obtenir) 5. _____ un passeport valable pour au moins cinq ans! Et, bien sûr, je (s'acheter) 6. _____ une garde-robe fabuleuse qui (ne pas se froisser) 7 _____ et qui ne (ne pas prendre) 8. _____ de place dans mes valises. Sur le bateau, je (pouvoir) 9. _____ nager, danser et manger. J'espère que lorsque je (arriver) 10. _____ en Angleterre, après la traversée, je (ne pas grossir) 11. _____! De Londres, je (voyager) 12._____ par l' *Orient Express* jusqu'en Allemagne. Là, je (descendre) 13. _____ le Rhin en bateau avant de (remonter) 14. _____ vers Paris, où je (passer) 15. _____une semaine extraordinaire au Méridien. De là, je (s'embarquer) 16. _____ dans Le Concorde à l'aéroport Charles de Gaulle à Roissy, et trois heures plus tard, je (atterrir) 17. _____ à New York. Je (adorer) 18. _____ faire des projets de ce genre, même si je rêve tout éveillée!

VIII. Suppositions

Supposons que vous (devoir) 1. _____ gagner votre vie dès maintenant. Il serait nécessaire que vous (trouver) 2. _____ un appartement, car vous (ne plus pouvoir) 3. _____ habiter avec vos parents. Mais, avant de trouver un endroit convenable où habiter, il vous (falloir) 4. _____ trouver un emploi assez lucratif afin que vous (pouvoir) 5. _____ aisément subvenir à vos besoins. Ensuite, vous (être) 6. _____ obligé d'acheter une voiture et de meubler l'appartement. Après (accomplir) 7. _____ toutes ces tâches, il serait bon que vous (aimer) 8. _____ votre travail et que vous y (trouver) 9. _____ beaucoup de satisfaction. Mais je doute que vous (être) 10. _____ à même de gagner votre vie à votre âge, sans même avoir terminé vos études, et sans l'aide de vos parents. Que vous (réussir) 11. _____ à devenir indépendant est tout à fait possible, mais il me semble que vous avez encore quelques années devant vous avant que ce rêve ne (se réaliser) 12. _____.

IX. Un Incendie

En regardant la maison que les pompiers arrosaient vainement, on (voir) 1._____ que le duel de la flamme et de l'eau, autour de ces pierres, (prendre) 2. _____ un caractère tragique. Tantôt l'eau (frapper) 3. _____ la flamme qui (rétrocéder) 4. _____ une minute, puis une rafale (soulever) 5. _____ une grande vague de feu. Un second jet de lance, et la flamme (reculer) 6. _____, mais déjà moins loin. [...] Elle (gagner) 7. _____. Tout un pan de la maison (flamber) 8. _____. La jalousie, baissée sur la fenêtre

désignée par la flamme, (aller) 9. _____ brûler. Elle (brûler)
10. _____ déjà par le bas. Le danger cependant (grandir)
11. _____. Une nouvelle et violente ondée de flamme (venir)
12. _____ de (se précipiter) 13. _____ et
d'(envahir) 14. _____ le second étage, non plus du dehors,
cette fois, mais du dedans, avec une telle énergie qu'il (falloir) 15. _____
déjà penser à (préserver) 16. _____ une autre maison.

-Tiré de *Le Démon de Midi*
par Paul Bourget.

X.   **Scène Parisienne**

Comme cela (arriver) 1. _____ souvent le samedi vers trois heures,
les abords de la porte de Bercy (être) 2. _____ encore encombrés, et sur
le quai, en quatre files, les voitures (s'entasser) 3. _____ à la queue
leu leu. Tous (attendre) 4. _____ la visite de l'octroi, pressés d'(entrer)
5 _____ dans Paris à la veille du dimanche.

Parmi ces voitures, on en (voir) 6. _____ une d'aspect bizarre avec
quelque chose de misérablement comique, sorte de roulotte de forains mais plus
simple encore, formée d'un léger chassis tendu d'une grosse toile, avec un toit en
carton bitumé, le tout porté sur quatre roues basses.

Autrefois la toile (devoir) 7. _____ être bleue, mais elle (être)
8. _____ si déteinte, sale, usée, qu'on ne (pouvoir) 9. _____
s'en tenir qu'à des probabilités à cet égard, de même qu'il (falloir) 10. _____
se contenter d'à peu près si l'on (vouloir) 11. _____ déchiffrer les
inscriptions effacées qui (couvrir) 12. _____ ses quatre faces: l'une

(ne plus laisser) 13. _____ deviner qu'un commencement
de mot; celle au-dessous (sembler) 14. _____ être de l'allemand; une
autre de l'italien; enfin la plus fraîche et française, celle-là: *photographie*, (être)
15._____ évidemment la traduction de toutes les autres, indiquant ainsi les
divers pays par lesquels la pauvre guimbarde (rouler) 16. _____
avant d'entrer en France et d'arriver enfin aux portes de Paris.

-Tiré de *En Famille*
par Hector Malot.

XI.   *Madame Bovary*

Nous (être) 1. _____ à l'étude, quand le Proviseur entra, suivi d'un
nouveau habillé en bourgeois et d'un garçon de classe qui (porter) 2. _____
un grand pupitre. Ceux qui (dormir) 3. _____ (se réveiller)
4._____, et chacun (se lever) 5. _____
comme surpris dans son travail.

Le Proviseur nous (faire) 6. _____ signe de (se rasseoir)
7._____ ; puis, se tournant vers le maitre d'études:

—Monsieur Roger, lui dit-il à demi-voix, voici un élève que je vous
(recommander) 8. _____, il entre en cinquième. Si son travail et
sa conduite sont méritoires, il (passer) 9. _____ *dans les grands*, où
l'(appeler) 10. _____ son âge.

-Tiré de *Madame Bovary*
de Gustave Flaubert

XII.   **Le Gros Lot**

Si j'(avoir) 1. _____ plus d'argent, j'aurais acheté davantage

de billets, et ainsi je (peut-être pouvoir) 2. _____

gagner une plus grosse somme. D'(être) 3. _____ si près et de (ne pas gagner)

4. _____ le gros lot est vraiment déprimant. Je (travailler)

5. _____ toute la semaine dernière, et vendredi soir, jour du tirage, en

(rentrer) 6. _____ à la maison, je (prendre) 7. _____

la décision de m'arrêter brièvement au petit magasin du coin où on (vendre)

8. _____ des billets. «Vous savez, M. LeBrun,» me (dire) 9. _____

le propriétaire, «il faut que vous (acheter) 10. _____ un billet de

loterie cette semaine. Il se peut que vous (faire) 11. _____ fortune!»

Lui, qui est tellement honnête et a si bon cœur, comment lui refuser d'acheter des

billets? Mon erreur (être) 12. _____ de n'en prendre que trois. Si

seulement je (savoir) 13. _____ que j'allais avoir de la chance! Enfin,

la semaine prochaine, ou quand il y (avoir) 14. _____ de nouveau une grosse

somme d'argent à gagner, je recommencerai, et j' (acheter) 15. _____ assez

de billets pour être sûr de gagner!

XIII.   **Sagesse des Mères**

Il faisait bien froid ce matin-là, et Maman nous (bien dire) 1. _____

_____ de nous emmitoufler contre le vent glacial qui (souffler) 2. _____

_____ du nord. Mais, en (savoir) 3. _____ toujours plus que

nos parents, nous avons refusé, gentiment mais fermement. Nous (sortir) 4. _____

_____ sans trop faire attention, sûrs qu'il (faire) 5. _____

plus chaud vers midi, l'heure de la récréation.

Mais il (se passer) 6. _____ une chose curieuse à l'école ce jour-là: les tuyaux (geler) 7. _____ pendant la nuit à cause du froid intense, et, évidemment, le chauffage (ne pas marcher) 8. _____ _____. Les étudiants (être obligé) 9. _____ _____ de garder leur manteau et leurs moufles toute la journée, et ceux qui (ne pas en avoir) 10. _____ (beaucoup souffrir) 11. _____.

Ce soir-là, en rentrant chez nous, la première chose que nous (faire) 12. _____ a été de sortir nos vêtements les plus chauds pour porter à l'école le lendemain. Nous (ne pas aller) 13. _____ geler de nouveau, et ma petite sœur (finir) 14. _____ par annoncer à Maman: «Tu sais, Maman, tu (avoir) 15. _____ raison ce matin. Je (devoir) 16. _____ porter mes moufles comme tu nous l'avais dit. Il ne me (arriver) 17. _____ jamais plus de ne pas t'écouter!»

XIV.   **Habiter à la Campagne**

Quand on habite loin d'une grande ville, on (découvrir) 1. _____ des problèmes dont on (ne jamais s'apercevoir) 2. _____. Lorsque l'on travaille six jours par semaine, comment (pouvoir) 3. _____-on faire des achats? Si l'on (passer) 4. _____ une commande par minitel, on n'est jamais tout à fait sûr de (recevoir) 5. _____ exactement ce qu'on (choisir) 6. _____, sans mentionner le fait qu'on ne sait jamais à l'avance exactement ce qu'on (devoir) 7. _____

commander. On (pouvoir) 8. _____ passer des heures et des heures à feuilleter des catalogues, à parler au téléphone, et à prendre des décisions. Et puis, la plupart du temps, il (falloir) 9. _____ tout (échanger) 10. _____!

Nature paisible, air pur et moins (polluer) 11. _____, montagnes verdoyantes, tout cela (ne pas se comparer) 12. _____ à des pièces de théâtre ou concerts à deux pas de chez soi, à des expositions d'art ou spectacles de ballet à côté. De plus, si on habite à la campagne, il faut tout (prévoir) 13. _____ à l'avance: (prendre) 14. _____ des billets au prix fort, (faire) 15. _____ un trajet de deux heures pour atteindre la ville désirée et assister à un événement culturel. Par contre, à la campagne on (bénéficier) 16. _____ d'un taux de vie moins élevé, et on (se dépêcher) 17. _____ beaucoup moins que les gens qui (habiter) 18. _____ une grande ville. Souvent, on (se croire) 19. _____ plus en sécurité à la campagne, ce que la plupart des citadins (trouver) 20. _____ très attrayant.

XV.   Le Dévouement

Quand je la (rencontrer) 1. _____ pour la première fois, je savais instantanément qu'elle (aller) 2. _____ me plaire. Elle (être) 3. _____ d'une douceur extraordinaire, alliée à une intelligence qu'on trouve chez peu de gens et à un sourire qui (révéler) 4. _____ sa bonté d'âme.

Plus tard, je (apprendre) 5. _____ qu'elle (étudier) 6. _____ pendant de longues années pour devenir docteur, qu'elle (venir) 7. _____ de quitter sa clientèle privée pour pouvoir

se dévouer aux indigents qui (souffrir) 8. _____ et surtout ceux

qui (endurer) 9. _____ en plus la misère de la pauvreté

imposée par une grande ville. Elle (se lever) 10. _____ tôt le matin

pour pouvoir arriver de bonne heure à l'hôpital et s'apprêter pour la journée. Elle

(passer) 11. _____ des heures au téléphone, pour voir si ses malades des

journées précédentes (faire remplir) 12. _____

les ordonnances qu'elle leur (donner) 13. _____ et

(prendre) 14. _____ méticuleusement leurs médicaments. Si, par

hasard, ils (ne pas aller) 15. _____ mieux, elle les rappelait

plus tard dans la journée, ou même souvent (passer) 16. _____ les

voir chez eux.

Noël venu, elle (offrir) 17. _____ une paire de gants à une

femme qui (avoir) 18. _____ de l'arthrite aux mains, un foulard ou un

chapeau aux messieurs qui en (avoir) 19. _____ besoin. Chaque

enfant dans la famille (recevoir) 20. _____ un cadeau anonyme

qu'il (ne jamais avoir) 21. _____ si ce docteur ne le lui

avait pas offert.

Ce dévouement et cette générosité presque non-existants de nos jours (illuminer)

22. _____ la vie de ces pauvres gens et (rendre)

23._____ leur fardeau moins lourd à porter, j'en suis sûre.

XVI.   De L'Exercice

Récemment, on (entreprendre) 1. _____ de sérieuses études sur les bénéfices tirés de l'exercice physique, même minime, qui (sembler) 2._____ prouver qu'on (pouvoir) 3. _____ réduire le taux d'infarctus et prolonger sa vie. Il n'est pas nécessaire de (devenir) 4._____ un athlète complet, ni un fanatique; il faut tout simplement (sortir) 5. _____ de la catégorie de ceux qui ne (faire) 6. _____ rien de physique. Si on n'a pas l'habitude de marcher, par exemple, il (valoir) 7._____ mieux (s'habituer) 8. _____ à faire une promenade au moins trois fois par semaine. Ainsi (réduire) 9. _____-on de beaucoup les possibilités d'une crise cardiaque.

Il faut se rappeler aussi que ce que l'on (manger) 10. _____ joue un rôle capital dans la santé. Si on (se nourrir) 11. _____ de sucreries et de féculents, on (vivre) 12. _____ sûrement moins longtemps que si l'on (faire) 13. _____ attention à son régime, et que si l'on (choisir) 14. _____ avec soin ce qu'on (consommer) 15. _____.

XVII.   Les Déchets

Le problème des ordures et des déchets toxiques en est un des plus néfastes de notre siècle. Ce (être) 1. _____ une tâche herculéenne de (s'en débarrasser) 2. _____ convenablement. Où (pouvoir) 3._____-on déposer les millions de tonnes de déchets plastiques? Il (ne plus y avoir) 4. _____ de place: il y a même des bateaux (condamner) 5. _____ à naviguer perpétuellement au large parce que personne ne (vouloir) 6. _____ les laisser amarrer. Il n'y a plus de place sur terre et il ne faut plus (polluer) 7. _____ les mers. L'homme (être) 8. _____ bientôt étouffé sous ses propres détritus s'il (continuer) 9. _____ à ne pas faire face à ce grave dilemne universel. Que l'homme (s'efforcer) 10. _____ de résoudre ce problème dès aujourd'hui est impératif à la survie de notre monde.

XVIII.   Le Subjonctif

Pour apprendre le subjonctif, qui que vous (être) 1. _____ et où que vous (étudier) 2. _____, il faut que vous (apprendre) 3. _____ par cœur les expressions verbales et les conjonctions qui le (exiger) 4. _____. Il n'y a pas d'autre moyen de le maîtriser, que je (savoir) 5. _____. Jusqu'à ce que vous (prendre) 6. _____ l'habitude d'y réfléchir, de vous concentrer sur ces anomalies de la langue française, vous (ne pas en venir) 7._____ à bout. Mais, d'autre part, dès que vous (accepter) 8. _____ de vous appliquer, et quand vous (apprendre) 9. _____ toutes les conjugaisons des verbes au subjonctif aussi bien que les circonstances dans lesquelles on l'utilise, vous (se rendre compte) 10. _____ des nuances impliquées par son emploi et des possibilités stylistiques que ce mode (permettre) 11. _____. Finalement, après (passer) 12. _____ des semaines entières à le maîtriser, votre professeur vous (apprendre) 13. _____ à l'éviter!

XIX.   **Des Curieux**

Il y a dans le monde des gens bien curieux. Et il me (sembler) 1. _____

qu'ils (se rassembler) 2. _____ toujours dans mon immeuble.

Prenons, par exemple, ma voisine de palier. Elle (habiter) 3. _____

là depuis huit ans, et chaque jour quand je la (voir) 4. _____, elle me (sourire)

5. _____ gentiment, mais froidement, et puis elle (grommeler)

6. _____ quelque chose de tout à fait incompréhensible, mais toujours

la même chose. Si jamais il m'arrive de lui demander ce qu'elle (venir) 7. _____

de dire, elle (se retourner) 8. _____ sans me (répondre) 9. _____

et part en claquant les talons! Celui qui habite au-dessus de moi (trottiner) 10.

_____ toute la nuit; et puis, finalement, après (prendre) 11. _____

la décision de se coucher, en (se déchausser) 12. _____, il ne laisse

tomber qu'une seule chaussure, j'en suis convaincue! En attendant le petit bruit sec

que (devoir) 13. _____ faire l'autre en tombant, j'entends un autre

voisin qui (chanter) 14. _____ à tue-tête lorsqu'il prend sa douche

matinale. En été, si, par hasard, il y a un match de football à la télévision et que les

fenêtres et les portes (être) 15. _____ ouvertes, on entend les

locataires hurler d'une seule voix le «bravo» d'un point gagné ou le «oh» d'un but

manqué. Mais je (aimer bien) 16. _____ mes voisins, et je (être

habitué) 17. _____ à eux. Si jamais je (déménager) 18.

_____, ne trouverais-je pas un monde semblable ailleurs?

XX.   Bien Manger

Bien manger avec peu d'argent requiert un stratagème assez simple: (manger) 1._____ frugalement, en (choisir) 2. _____ délibérément ses plats, non pour le goût mais plutôt pour leur valeur nutritive. Il ne faut pas automatiquement (se limiter) 3. _____ et toujours choisir ce qui (paraître) 4. _____ coûter le moins cher. Il (valoir) 5. _____ mieux, par exemple, (suivre) 6. _____ un régime sain, en (manger) 7._____ peu de sucre et de féculents, mais beaucoup de protéine. Récemment, pendant le journal télévisé du soir, on (annoncer) 8. _____ _____ que les huiles, en dépit de toutes les mises en garde depuis quelques années, ne (devoir) 9. _____ pas être considérées comme les uniques coupables de la prise de poids, ni du niveau élévé de cholestérol; cela (dépendre) 10. _____ du système immunitaire d'un individu. Pour autant, ne (devoir) 11. _____-on pas faire très attention à ce qu'on (ingérer) 12. _____?

De nos jours, on a tendance à vouloir tout (avaler) 13. _____ d'un trait, et à se nourrir dans des restaurants bon marché à service ultra-rapide. Ceci est sans doute le résultat (imposer) 14. _____ par une société où nous (progresser) 15. _____ à une vitesse vertigineuse vers un but de moins en moins humain. Il faudrait, à l'avenir, (faire) 16. _____ très attention à ce qu'on (emmagasiner) 17. _____ dans son estomac, car la bonne santé de toute une nation, et même du monde, en (dépendre) 18. _____.

Phrases et Paragraphes à Compléter

Rappel à l'Etudiant!

Il faut remplir les tirets dans les phrases et les paragraphes suivants par **un seul mot**, si nécessaire. Cela peut être un nom, un pronom, une préposition, une négation, un adverbe, un nombre, un adjectif, un article, **tout sauf un verbe**. Cela peut être aussi un mot élidé tel: c'..., d'..., qu'..., etc. qui compte comme un mot entier. Attention au nombre, aux accents, à l'orthographe, au genre, et à certaines phrases qui sont correctes telles quelles!

I. Remplacez les tirets dans les phrases suivantes par

Un nom:

1. Je vous reverrai dans deux semaines, c'est à dire dans une _____.

2. La Tour Eiffel a trois cents _____ de haut.

3. Je n'aurais jamais cru qu'elle avait plus de quarante ans!
   —Mais si! Elle a atteint la _____ il y a plusieurs années!

Un Pronom:

4. Tous _____ qui ont déjà fini peuvent partir.

5. Le témoin sans _____ la police ne peut mêner son enquête est introuvable.

6. Elle est moins grande que je ne _____ pensais.

7. Si tu comptes lui donner de l'argent, donne-lui- _____ tout de suite!

8. Il _____ fait tard, mon ami; nous devrions rentrer chez nous.

Une préposition:

9. Les enfants gâtés sont adorés _____ leurs parents mais évités par les autres.

10. Avez-vous de la peine _____ me comprendre?

11. Il n'est pas poli de montrer son père _____ doigt pour le désigner à ses camarades.

12. Ce n'est qu'après l'avoir vu assis _____ le train que je me suis rendu compte de qui il était.

13. Ce n'est pas _____ mal que j'ai fini de tricoter ce pull. J'ai eu bien des difficultés avec ce point jacquard.

Une expression négative:

14. _____ des étudiants n'a fini la lecture.

15. S'il _____ avait su comment s'y prendre, il n'aurait jamais terminé si vite.

16. J'espère que tu as trouvé quelque chose de bon en faisant les courses!
    — Non, je n'ai _____ trouvé.

17. Elle ne boit _____ vin ni bière!

Un adverbe:

18. Je n'ai jamais eu un élève qui comprenne _____ vite que cela! C'est un génie!

19. Je crois que les événements vont de mal en _____.

20. _____ en se balançant au-dessus de la foule, l'acrobate a su garder son sang-froid.

Un nombre:

21. Les soldats étaient au nombre de _____; en effet, il y en avait bien un millier.

22. Deux est la _____ de quatre.

23. Soixante-six pour cent, c'est à peu près deux _____ de cent pour cent.

Un adjectif:

24. _____ fois qu'il la voit, la tête lui tourne!

25. Il y avait une _____ ressemblance physique entre ces jumeaux que même leurs parents avaient de la difficulté à les distinguer l'un de l'autre.

26. Je n'aime pas du tout _____ viande-là; elle n'a aucun goût.

27. Je n'ai pas la _____ intention de lui parler après le mauvais coup qu'elle m'a fait.

28. Mademoiselle, vous m'avez demandé un billet de _____ classe, ou de seconde classe?

Un article:

29. Ils m'ont demandé si j'allais à Toronto _____ lendemain.

30. _____ France est un pays enchanteur.

****

Et maintenant, à vous de choisir le bon mot!

II. Remplir les tirets dans les phrases suivantes par *un seul* mot si nécessaire:

1. C'est toi, Jeannine?
   —Oui, c'est _____.

2. Ce _____ on a besoin, ce n'est pas de paroles mais d'action.

3. Les solutions proposées n'étaient pas _____ que j'avais envisagées.

4. J'ai passé une nuit blanche hier soir; je n'ai pas dormi _____ la nuit.

5. Le crime _____ lequel la police mène une enquête est déconcertant.

6. Avignon est à peu près _____ 700 kilomètres de Paris.

7. Où se trouve le bureau dans le tiroir _____ vous avez rangé vos papiers?

8. Il a reconnu ces hommes comme étant _____ qui s'étaient enfuis la semaine précédente.

9. Ces deux filles entre _____ il existe une grande rivalité se détestent cordialement.

10. Que veut dire cela _____ français?

11. Cette voiture, combien est-ce qu'il _____ a payée?

12. Dans toute la France, c'est fou ce que _____ prix ont augmenté en un an!

13. C'est la ville _____ je suis né.

14. Je n'ai pas compris _____ qu'elle m'a dit.

15. Des grues? J'_____ ai vu trois en ville.

16. Ils pourraient facilement se livrer _____ des actes très violents si on ne les arrêtait pas.

17. _____ ne va vous croire.

18. Est-ce que Paul s'intéresse à la philosophie?

    —Non, cela ne _____ intéresse absolument pas.

19. Il n'avait pas la _____ idée de ce qu'il fallait faire.

20. Elles ont fini _____ accepter gracieusement leur défaite.

21. Il a beaucoup de difficulté à gagner _____ vie.

22. Tout _____ regardant la télévision, ils arrivent à faire leurs devoirs!

23. _____ avoir marché longtemps, ils sont enfin arrivés au sommet.

24. Elle n'aura jamais _____ courage de se lever à 5h demain.

25. Cet élève-là? Mais _____ il se taise, enfin!

26. Vous n'aimez pas coudre des boutons? Alors, laissez-moi _____ faire pour vous.

27. Les résultats _____ il aspire sont tout à fait raisonnables.

28. Les professeurs doivent pouvoir répondre _____ questions de leurs élèves!

29. Il préfère faire quelques économies plûtot que _____ dépenser tout son argent.

30. Les Français aiment _____ croire raisonnables. Et, en général, ils _____ sont!

III. Remplacez les tirets dans les paragraphes suivants par *un seul* mot:

1.

— Allo! C'est toi, Jeannine?

— Oui, c'est 1. _moi_ . Mais tu sais, ça ne va pas fort 2. _ce_ matin... J'ai passé

3. _une_ véritable nuit blanche car je n'ai pas dormi 4. _de_ la nuit.

— Ah! c'est bien dommage, parce 5. _qu'_ aujourd'hui nous devons sortir avec

6. _les_ deux jeunes gens 7. _que_ nous avons rencontrés 8. _à_ la piscine

dimanche dernier. Ils nous ont invitées 9. _à_ déjeuner d'abord, puis

10. _au_ cinéma ensuite pour voir 11. _le_ dernier film américain 12. _qui_ vient

de sortir. Mais si tu ne 13. _te_ sens pas bien, je vais 14. _leur_ téléphoner pour

décommander le rendez-vous.

— Non! Je t' 15. _en_ supplie! Ne fais pas 16. _ça_ ! Ils sont 17. _très_

sympatiques, surtout Marc, 18. _le_ grand blond 19. _à_ qui je semble plaire

aussi! Je dormirai mieux 20. _ce_ soir! Au moins j'espère que je ferai 21. _de_

beaux rêves!

— Alors, c'est 22. _d'_ accord! Je passe 23. _te_ prendre 24. _à_ 11 heures et

demie! Sois prête! Et mets ta jolie robe bleue, 25. _celle_ qui te va si bien! A

bientôt, Jeannine!

— A toute à l'heure, Monique! Je serai prête!

2.

Dans toute la France, c'est fou ce que 1. _les_ prix ont augmenté en un an! Rien

que dans ma ville natale, là 2. _où_ je suis né il 3. _y_ a près de vingt ans,

4. _Le_ moindre petit gadget a presque doublé 5. _de_ prix! Et cela

6. _s'_ applique 7. _à_ tout, que ce soit pour acheter 8. _des_ vêtements,

9. _des_ chaussures, ou 10. _de_ la nourriture, 11. _N'_ importe quoi enfin, rien 12. _ne_ reste au même prix pour plus 13. _de_ quelques mois. Dieu sait 14. _où_ nous allons! Et 15. _le_ pire, c'est 16. _que_ les salaires, 17. _eux_, n'augmentent pas 18. _dans_ les mêmes proportions, loin 19. _de_ là! Je pense sérieusement 20. _à_ me mettre 21. _au_ chômage et à vivre 22. _sous_ les ponts! Comme cela, je n'aurai 23. _aucun_ loyer, 24. _aucuns_ impôts à payer, 25. _aucun_ vêtements 26. _à_ acheter! Et pour 27. _le_ nourriture, je 28. _me_ débrouillerai bien! Et mes parents, et mes soeurs 29. _me_ nourriront sûrement de temps 30. _en_ temps!

3.

Lors d' 1. _un_ voyage récent 2. _au_ Caire, 3. _en_ Egypte, nous avons été surpris 4. _de_ l'immensité 5. _de_ cette ville. Avec ses quinze millions d'habitants, 6. _c'_ est la ville 7. _la_ plus peuplée 8. _de_ toute 9. _l'_ Afrique; elle 10. _se_ trouve 11. _à_ plus 12. _de_ deux cents kilomètres au sud de 13. _la_ côte méditerranéenne. Le Nile, 14. _qui_ coule du sud au nord et sépare ainsi la ville 15. _en_ deux, 16. _se_ déverse dans la mer par 17. _un_ delta triangulaire inversé, et formé par 18. _le_ Caire au sud, Alexandrie à l'ouest, et Port Said à l'est. Le Caire est entouré 19. _de_ déserts à l'ouest, au sud et à l'est. 20. _C'_ est une ville 21. _de_ contrastes 22. _entre_ l'ancien et le moderne, où les minarets 23. _des_ mosquées dominent le paysage, surtout à l'est de la ville, 24. _dans_ les vieux quartiers islamiques. Le nom même de la ville est 25. _un_ traduction des mots arabes *"El Qahira"*, ce 26. _qui_ signifie *" Le Victorieux"*. Le Caire fut développé 27. _en_ 969 par les Fatimides; mais on peut encore voir les ruines de Fustat, la première capitale islamique 28. _d'_ Egypte, érigée en 639. Un pays 29._où_ la civilisation date de plus de cinq mille ans est vraiment un pays intéressant 30._à_ visiter.

4.

Connaissez-vous 1._la_ petite ville provençale de Grasse, chef-lieu 2._d'_ Alpes-Maritimes et réputée dans 3._le_ monde entier pour 4._l'_ industrie 5._de_ parfums? D'abord, 6._C'_ est une ville 7._qui_ sent bon! Les émanations qui 8._se_ dégagent des nombreuses parfumeries vous assaillent par leurs odeurs à 9._la_ fois douces et fortes; odeur de roses, de lavande, 10._d'_ oeillets 11._qui_ poussent 12._dans_ les champs et les jardins, sur les côteaux de 13._la_ ville même, ou dans 14._les_ alentours. Si vous avez la chance de visiter une des parfumeries les plus connues, 15._comme_ Fragonard ou Molinard, vous verrez 16._d'_ abord comment 17._les_ pétales de fleurs sont séchés, puis enduits 18._de_ cire pour 19._en_ dégager l'essence 20._qui_ sera à la base 21._des_ différents parfums. Des chimistes spécialisés, appelés "le nez", effectueront 22._les_ mélanges nécessaires pour obtenir 23._un_ certain parfum par distillation dans des alambics 24._de_ cuivre, tout 25._au_ moins dans l'ancienne fabrication. A 26._la_ fin 27._de_ votre visite, vous pourrez sentir les échantillons 28._de_ toutes sortes de parfums et bien sûr acheter 29._un_ parfum de votre choix. Si vous n' achetez 30._rien_, vous serez très mal vu par les guides et les vendeuses!

5.

Au cours 1._d'_ une randonnée 2._en_ Provence, si vous prenez la N100 entre Forcalquier et Apt, 3._vous_ passerez par le petit village de Mane. Deux kilomètres après la sortie 4._du_ village, vous verrez 5._à_ votre gauche un chemin menant 6._à_ une magnifique grille 7._en_ fer forgé, et, 8._au_ bout de l'allée, vous apercevrez 9._la_ façade 10._du_ château de Sauvan. Ce château, édifié entre 1721 et 1728, respire la joie de vivre et la convivialité. Il est éclairé par plus 11._de_ cinquante fenêtres 12._qui_ reflètent une lumière éblouissante et 13._bien_ particulière à la Provence. 14._l'_ arrière petit-fils du constructeur du château, Michel-Palamède de Forbin, épousa 15._la_ marquise de Galléan 16._en_ 1782. D'après la tradition, 17._cette_ dernière, qui était non seulement l'amie de 18._la_ reine Marie-Antoinette, mais 19._qui_ lui ressemblait étrangement, aurait offert de 20._se_ substituer à la reine dans 21._la_ prison du Temple, ce que celle- 22._ci_ aurait refusé. Le parc autour 23._du_ château est magnifique avec ses grands arbres plus 24._que_ centenaires, ses paons qui 25._s'_ y pavanent majestueusement, ses pièces d'eau et ses statues; le premier propriétaire avait désigné Sauvan "le château du petit Trianon". Vendu 26._en_ 1810 à la famille Sollier par le fils aîné de la princesse de Galléan, le château restera dans cette famille jusqu'en 1981, lorsque deux jeunes gens, Jean-Claude et Robert Allibert, sont tombés amoureux fou 27._du_ château et ont décidé de 28._l'_ acheter et de le restaurer. Ils sont encore 29._au_ travail aujourd'hui et commentent les visites du château. L'orangerie, une énorme salle toute équipée pour les réceptions, les mariages et les banquets, peut être louée pour 30._une_ somme raisonnable; ainsi, les revenus permettent aux frères Allibert 31._de_ continuer les restaurations 32._du_ château et 33._de_ ses jardins.

6.

Le choix d'une profession pose toujours 1._des_ problèmes uniques 2._pour_ la personne 3._qui_ doit prendre une décision. Il faut d'abord réfléchir 4._à_ ce que l'on aimerait faire, dans le cadre de 5._ses_ capacités. On réussit toujours mieux si on travaille 6._sur_ quelquechose d'au moins agréable, même si 7._ce_ n'est pas passionant. Ensuite, il faut considérer les débouchés possibles. Si un individu a la notion de 8._ne_ faire que 9._ce_ qui 10._lui_ plaît, bien que cela soit théoriquement très tentant, son projet ne sera pas de longue durée 11._car_ il ne lui permet pas 12._de_ subvenir 13._à_ ses besoins ni à 14._ceux_ de sa famille. L'idée d'un travail de bienfaisance pour servir sa communauté est toujours admirable—les bonnes oeuvres 15._par_ exemple —; mais il faut considérer 16._en_ même temps sa situation familiale, la région dans 17._laquelle_ on vit, et bien sûr le salaire, si essentiel 18._à_ considérer. En fin de compte, il vaut mieux choisir une occupation ou une profession dans 19._laquelle_ on aura des chances de réussite; autrement, on risquera d'être misérable, et le malheur qui en découlera 20._se_ traduira éventuellement 21._un_ désastre pour l'individu et pour 22._ceux_ qui l'entourent.

7.

Comment choisit-on une paire de chaussures? Il semble que sélectionner une paire 1._de_ chaussures est un problème autant pour les hommes 2._que_ pour les femmes. Il faut penser au confort, au style, et naturellement au prix. Il faut penser également 3._à_ circonstances dans 4._lesquelles_ on va porter ces chaussures. S' 5._il_ s'agit d'une soirée spéciale, il faut avoir 6._en_ tête les vêtements 7._que_ l'on a l'intention 8._de_ porter ce soir-là; autrement, on risque de 9._se_ tromper 10._de_ couleur. Si on veut des chaussures pour la marche, il faut alors choisir 11._des_ semelles antidérapantes, et des matériaux capables de résister

12. _à_ toutes sortes d'intempéries. Dans son choix final, il vaut mieux opter

13. _pour_ un produit 14._de_ qualité qui soit bien cousu et fait d'un cuir assez

souple 15. _pour_ garantir un maximum de confort. Dans le cas de chaussures de

haute gamme, il faut penser aussi 16._à_ l'entretien, afin de préserver la

souplesse et la beauté originale du cuir. Il ne faut surtout jamais porter 17._de_

belles chaussures sans chaussettes ou sans bas, car on risquerait de 18._les_

abîmer, ce 19._qui_ serait dommage. Si on choisit des chaussures de bonne qualité,

on pourra les garder longtemps, pourvu qu' 20._elle_ soient bien à sa pointure et

entretenues comme 21._il_ faut.

8.

La faience de Quimper a une réputation mondiale pour la beauté de ses dessins

peints 1._à_ la main. Autrefois, il était difficile d'acheter du Quimper hors

2._de_ France, mais 3._depuis_ une quizaine d'années, on peut facilement trouver

ces objets de faience de ce côté 4._de_ l'Atlantique. Peu après le commencement

d'une affaire 5._d'_ importation/exportation par un couple 6._qui_ vivait

7._aux_ Etats-Unis, l'usine française fit faillite et fut éventuellement rachetée par ce

même couple. D'abord, le gouvernement français 8._ne_ voulait pas qu'une telle

entreprise, faisant si foncièrement partie de l'héritage culturel français, soit gérée

9._par_ une compagnie située hors 10._de_ France. Mais finalement, tout

11._s'_ est arrangé. Aujourd'hui, la production de la faience de Quimper continue

12._en_ Bretagne, et les touristes se dirigent par milliers 13._vers_ cette usine, ne

sachant même pas qu' 14._elle_ est dirigée maintenant par une entreprise d'outre-

mer. A Quimper, il n'y a pourtant 15._que_ des employés français 16._qui_

gardent bien les vieilles traditions, comme 17._celle_ de garder les pots de couleurs à côté d' 18._eux_, et aussi de célébrer ensemble la réussite d'un nouveau dessin. De nos jours, on peut trouver du Quimper dans les boutiques spécialisées dans 19. _le_ monde entier, 20_y_ compris 21._au_ Japon.

9.

Comment réussissez-vous 1._____ remplir les tirets d'un 2._____ exercice? Il me semble que cela doit être 3._____ difficile pour un étudiant 4._____ essaie de préparer cet examen! D'abord, il regarde la page et ne voit 5._____ ce qui manque. Ensuite, il se met à lire et à essayer 6._____ comprendre les paragraphes 7._____ le bénéfice de 8._____ les mots. 9._____ idée bizarre! Après cela, il doit choisir des mots variés car on ne peut pas 10._____ simplement mettre le 11._____ mot à la place de chaque tiret. Et finalement, quand il relit 12._____ qu'il a écrit, il risque 13._____ s'embrouiller totalement 14._____ pensant à trouver d'autres réponses possibles. Peut-être devrait-on modifier cet examen 15._____ vous essayez 16._____ préparer, car 17._____ semble bien qu'un travail pareil pourrait vous dérouter terriblement et, à la limite, vous rendre fou ou folle!

10.

Il y a une partie de la culture française que les Américains sont finalement 1._____train d'adopter, 2._____ d'aller dans les cafés. Un des grands attraits de la France pour les Américains a toujours été ses cafés. Pensez aux auteurs américains qui 3._____ sont réunis là 4._____ cours des années vingt, et d' 5._____ ils ont écrit les ébauches 6._____ bien des oeuvres devenues célèbres, à la suite de conversations stimulantes avec des auteurs et des artistes français. Pensez aux touristes de toutes les nationalités qui 7._____ précipitent 8._____ les cafés qui longent les boulevards parisiens 9._____ que pour regarder les gens 10._____ passent. Heureusement, l'Amérique commence 11._____ voir une prolifération de cafés, symboles de la vie oisive, qui, de nos jours, est due curieusement à une fascination pour la technologie. Ce sont les *cybercafés*, lieux 12._____ l'on peut prendre un café, mais aussi se délecter 13._____ se promenant partout dans le monde grâce à l'Internet. Il n'y a qu' 14._____ cliquer, et voilà! — 15._____ le réseau mondial, on est transporté n'importe où dans le monde, et l'imagination vit 16._____ nouveau! Mais toutefois, il semble préférable de faire non pas un voyage virtuel, mais réel, et de se retrouver 17._____ France, 18._____ Champs Elysées, devant une *vraie* table, avec un *vrai* garçon en chair et en os 19._____ vous sert un *vrai* petit café. Là, le plaisir du goût s'ajoute à celui de la conversation, 20._____ à face avec un être humain qui respire et qui vous répond, vers 21._____ on peut tendre la main pour établir un contact personnel si on 22._____ a envie!

11.

Le jeu de *Pogs*, qui était très 1._____ la mode aux Etats-Unis il y a quelques années, gagne actuellement du terrain 2._____ France. Les jeunes Français collectionnent des rondelles de carton avec une intensité vorace et ils jouent 3._____ ce jeu pendant des heures et des heures. Il existe également des rondelles plus grandes, parfois métalliques, que l'on jette sur le tas de Pogs dans l'espoir de retourner 4._____ de rondelles à images 5._____ possible. 6._____ qui ramasse le plus de rondelles 7._____ images variées gagne le match. Et là où il y a moyen 8._____ faire de l'argent, les avides 9._____ profits 10._____ assemblent. Les Français ont déjà ajouté 11._____ l'intérêt du jeu 12._____ imprimant des réclames au verso des rondelles. Les jeunes peuvent maintenant 13._____ soumettre à un jeu plus compliqué dans 14._____ on ramasse des jetons pareils des deux côtés. Et 15.____ sait? Peut-être 16.____ ce jeu parviendra jusque dans les familles des membres de l'Académie Française, qui trouveront à leur tour une nouvelle expression à incorporer dans la belle langue française: *le revers du pog*!

12.

La souffrance des enfants abusés est un sujet 1._____ le monde entier s'intéresse aujourd'hui, et 2.____ bon droit. Pendant 3.____ longues années, les enfants n'avaient 4._____ voix dans le système judiciaire pour les défendre et plaider 5.____ cause. On apprend tous 6.____ jours qu'il y a des enfants qui sont victimes d' abus à la 7.____ physiques et verbaux. Dans une large mesure, grâce 8.____ plusieurs cas d'enlèvement et de meurtre, on prête l'oreille 9.____ ces enfants et on essaie maintenant 10.____ rectifier ce 11.____ est resté ignoré pendant si longtemps. Les docteurs dans les salles d'urgence des hôpitaux sont plus conscients aujourd'hui 12.____ possibilités d'abus physiques, et sont davantage prêts 13.____ confronter les parents qu'ils soupçonnent. Ce 14.____ on est plus conscient aussi est le fait qu'il faut à 15.____ prix inclure les parents dans tout effort de redressement, car sans cela, les enfants retournent 16.____ le même milieu hostile. Mais il faut faire très attention 17.____ ne pas accuser faussement des parents, ce 18.____ évidemment n'améliorerait pas la situation de l'enfant.

Sujets de Rédaction

Rappel à l'Etudiant!

Pour écrire une rédaction bien construite, il faut surtout de la pratique, en écrivant aussi souvent que possible, sur des sujets aussi variés que possible. Il vaut mieux commencer par un essai d'une seule page; c'est la qualité qui compte et non la quantité. Plus tard vous pouvez écrire des rédactions un peu plus longues, de deux ou trois pages au maximum. N'oubliez pas de commencer par **une introduction**, dans laquelle, sans répéter la question, vous indiquez votre idée principale. Ensuite, vous devriez **développer votre sujet** en plusieurs paragraphes où vous élaborez vos idées, que vous appuyez d'exemples précis, et où vous discutez «le pour et le contre» du sujet. Lorsque vous passez d'un paragraphe à l'autre, employez des mots de transition qui montrent clairement votre processus d'analyse, tels que *d'abord, en premier lieu, deuxièmement, ensuite, donc, alors, par contre, pour conclure, finalement*. Vous terminez par **une conclusion** qui devrait être plus qu'un simple résumé de ce qui précède; elle doit plutôt être tirée des arguments présentés dans le développement.

Avant tout, réféchissez à votre sujet avant de commencer à écrire!

Voici une liste de sujets possibles, parfois sérieux, demandant un vocabulaire spécifique, parfois d'ordre général, et parfois tout simplement pour amuser!

1. Le monde technologique d'aujourd'hui est-il supérieur au monde plus simple du passé?

2. Voyager, c'est un mélange de tristesse et de plaisir.

3. «Fais ce que tu dois, advienne que pourra».

4. L'effort est plus important que le résultat.

5. «On n'est jamais si heureux, ni si malheureux qu'on se l'imagine».

6. Il faut accepter ses amis tels qu'ils sont.

7. Comment devrait-on choisir une carrière?

8. L'énergie nucléaire: sera-t-elle notre sauveur?

9. Tout ce que l'homme est capable de faire avec ses mains sera bientôt fait par des machines. Commentez.

10. Les arbres: leur importance écologique. Commentez.

11. Le monde devient de plus en plus petit, et la race humaine de plus en plus nombreuse. Discutez cette antithèse.

12. Le journalisme est-il dominé par la politique?

13. La beauté, ou la laideur, d'une grande ville moderne.

14. Le cinéma représente-t-il la réalité?

15. La publicité: son rôle dans la vie moderne.

16. A quelle époque auriez-vous voulu vivre? Pourquoi?

17. Commentez un événement politique contemporain.

18. Décrivez un personnage du passé qui vous a influencé et dites pourquoi.

19. Décrivez vos émotions, pensées, sentiments lors d'un accident que vous avez eu, ou dont vous avez été témoin.

20. Les animaux de laboratoire: nécessité ou cruauté?

21. En quoi la conformité peut-elle être dangeureuse?

22. Expliquez comment on lace ses chaussures.

23. Commentez l'importance de l'amitié par rapport à celle de l'amour.

24. Imaginez que vous êtes transporté(e) en l'an 3000. Essayez d'imaginer ce que le monde serait devenu, ce que vous seriez à même de voir et d'entendre, et dites comment vous et les autres personnes occuperiez vos journées.

25. La télévision est l'objet le plus nocif au bien-être de la société du XXe siècle. Vrai ou faux?

26. La lecture est à la base de toute éducation. Commentez.

27. L'importance de connaître plusieurs langues dans une société globale. Commentez.

28. Quel devrait être le rôle du gouvernement dans la vie privée des citoyens d'un pays?

29. La critique, peut-elle être positive aussi bien que négative?

30. Comment avez-vous évolué socialement et intellectuellement au cours de vos années de lycée?

31. Quelle sorte d'adulte imaginez-vous que vous deviendrez?

32. Comparez la femme d'hier à celle d'aujourd'hui.

33. Commentez la phrase «Le monde devient de plus en plus petit».

34. Discutez le rôle et l'importance de l'imagination.

35. Discutez le rôle et l'importance de la fantaisie dans votre vie.

36. La modération en toute chose est la clé d'une vie heureuse. Commentez.

37. Racontez un rêve agréable que vous avez fait.

38. Quels sont les avantages et les inconvénients du téléphone?

39. Racontez les moments les plus drôles de votre vie.

40. Décrivez les plus belles vacances de votre vie.

41. Une visite chez le dentiste!

42. Vous serez bientôt majeur. Quelles responsabilités seront alors les vôtres?

43. Le rôle des sports dans les écoles: discutez-le et dites si vous l'approuvez ou non.

44. Est-il préférable d'être enfant, adolescent, ou adulte? Donnez les raisons de votre choix et défendez-les.

45. Un artiste/musicien n'a pas à se servir de son intellect, seulement de son imagination. Vrai ou faux?

46. Décrivez le héros, ou l'héroïne que vous préférez et dites pourquoi vous avez choisi cette personne.

47. Lorsque vous étiez enfant, de quoi (ou de qui) aviez-vous particulièrement peur? Pourquoi?

48. Qu'est-ce que vos parents exigent de vous que vous n'exigerez jamais de vos propres enfants? Justifiez vos idées.

49. Imaginez que vous allez construire quelquechose—une cabane, un abri, une petite maison, ou même un amplificateur. Comment allez-vous procéder?

50. Imaginez que vous soyez né sur un autre continent. Dans quel pays habiteriez-vous, et quelle serait votre vie sur ce continent?

51. Vous avez eu un cauchemar la nuit dernière. Décrivez-le et expliquez votre rôle dans ce rêve.

52. Vous allez faire les vendanges ou la moisson en France pendant quelques jours. Dites dans quelle région vous serez, parlez des gens que vous rencontrerez, et décrivez vos activités journalières.

53. En rangeant votre bureau, vous retrouvez une vieille lettre d'un ancien ami (ou d'une ancienne amie) avec qui vous n'avez pas correspondu depuis plusieurs années. Décrivez vos sentiments et les souvenirs qui vous assaillent.

54. Est-il possible de rendre le monde meilleur qu'il ne l'est? Décrivez ce qu'il faudrait faire à votre avis, et dites comment il serait possible d'effectuer les changements nécessaires.

55. Vous avez une entrevue avec le propriétaire d'un restaurant où vous aimeriez travailler pendant l'été. Ecrivez la conversation qui pourrait prendre place.

56. Les dangers de la pollution dans notre monde.

57. Il n'est jamais possible de revenir en arrière, mais si vous pouviez changer *une seule chose* de votre passé, que changeriez-vous, et pourquoi?

58. Si vous receviez une énorme somme d'argent d'une façon très inattendue, quelle est *la première chose* que vous feriez avec cet argent? Expliquez pourquoi.

59. Dans une société où la jeunesse est reine, quelle est souvent l'attitude envers les gens âgés, et comment pourrait-on l'améliorer?

60. Vous préparez un voyage dans un pays étranger. Où irez-vous? Pour combien de temps? Qu'est-ce qui vous a fait choisir ce pays? Quels préparatifs faites-vous? Décrivez vos activités à partir de maintenant jusqu'au jour de votre départ.

61. A la fin de la semaine prochaine, vous irez camper avec des amis. Décrivez les préparatifs avant le départ et après votre arrivée au lieu choisi.

62. Vous écrivez une lettre à un personnage officiel du gouvernement dans laquelle vous lui demandez de gracier un criminel. Expliquez vos raisons et les circonstances atténuantes sur lesquelles vous basez votre requête.

63. Décidez si une personne célibataire (homme ou femme) devrait avoir le droit d'adopter un enfant ou non. Défendez votre point de vue.

64. Jeunesse ou vieillesse: avantages et inconvénients de chaque phase.

65. Comédie ou drame sérieux: que préférez-vous voir? Précisez clairement votre choix.

66. Que pensez-vous des derniers efforts français et américains qui portent à restreindre l'immigration? Exprimez vos idées sur cette nouvelle tendance.

67. André Malraux a écrit "La culture ne s'hérite pas, elle se conquiert". Etes-vous d'accord avec cette déclaration? Défendez votre point de vue.

68. A Peshawar, au Pakistan, deux Irlandais convaincus de contrebande de haschisch ont été condamnés à cinq coups de fouet, une amende, et dix mois de prison ferme. Commentez ce jugement et indiquez si vous êtes d'accord avec la punition choisie pour le crime commis.

69. Mariage ou union libre? A votre avis, quelles sont les résultats possibles de ces deux états— leurs avantages et leurs désavantages— d'un point de vue culturel, économique et social?

70. Lorsque vous aurez fini vos études, quelle profession aimeriez-vous avoir, et sur quoi baserez-vous votre choix?

71. Utilisez-vous un logiciel de traitement de texte pour communiquer avec vos amis et votre famille? Ou bien utilisez-vous un joli papier à lettre et un beau stylo? Ou encore téléphonez-vous plutôt que d'écrire? Justifiez votre choix.

72. Avez-vous jamais eu "un coup de coeur" pour quoi que ce soit? Un livre, un vêtement, un film, un programme télévisé peut-être? Décrivez en détail un récent "coup de coeur".

73. Avez-vous jamais visité l'atelier d'un peintre ou d'un autre artiste? Expliquez comment le lieu de travail d'un artiste peut faire naître des émotions différentes de celles que l'on ressent en voyant seulement l'oeuvre achevée.

74. L'attitude "cool" des adolescents français masque souvent leur angoisse face à l'avenir, d'après Jean Marc Dupuich. Etes-vous d'accord avec cette opinion? Est-elle vraie aussi pour les jeunes américains?

75. Beaucoup d'écrivains, de poètes et d'artistes tels Jean Cocteau, Colette, Jacques Prévert et Georges Brassens, aimaient passionnément les chats. Imaginez les causes de cette passion pour le chat, et montrez comment cet animal domestique pourrait être un des éléments nécessaires à la créativité.

76. Voiture américaine? Voiture étrangère? Sur quoi baseriez-vous votre choix? Donnez des raisons précises et des détails spécifiques.

77. Un trait de la nature humaine souvent loué est le courage. Pensez-vous que chaque individu possède cette qualité, ou faut-il un désastre comme une guerre mondiale pour que le courage se manifeste chez un être humain?

78. Nous avons tous eu des expériences dans la salle d'urgence d'un hôpital, ou dans le cabinet d'un médecin, qui ont été plus ou moins positives ou négatives. Racontez une expérience de ce genre et comment elle vous a impressionné. A l'avenir, que ferez-vous pour recréer (ou ne pas recréer si elle est négative) cette expérience?

79. Décrivez l'endroit où vous avez vécu pendant votre enfance qui vous a le plus marqué. Indiquez comment et pourquoi. Vous souviendrez-vous de votre "pays" d'enfance avec plaisir quand vous serez adulte?

80. Décrivez votre retour à la maison après une longue absence. Comment vous sentiez-vous? Et comment raconterez-vous à vos petits enfants vos expériences et ce que vous avez éprouvé?

81. Les actions immorales abondent dans nos écoles et dans nos rues. N'existe-t-il plus de code d'éthique ou de morale dans le monde d'aujourdhui? Comment pourrait-on changer et rectifier cette situation à l'avenir?

82. Le mot *conflit* semble être synonyme d'*adolescent* —que ce soit à la maison, à l'école, ou ailleurs. A votre avis, est-ce une remarque appropriée? Pourquoi ou pourquoi pas? Si oui, comment pourrait-on remédier à ces confrontations?

83. Pensez-vous qu'il soit vrai que *ce que vous ignorez ne peut pas vous faire de mal?* Défendez votre opinion.

84. Avez-vous jamais été accusé(e) de quelquechose que vous n'avez pas fait? Comment vous êtes-vous tiré(e) d'affaire?

85. Les cinq sens jouent un rôle capital dans notre vie. Quel sens est le plus ou le moins important pour vous, et pourquoi?

86. Avez-vous jamais eu l'occasion d'encourager quelqu'un à faire quelquechose et de l'avoir regretté ensuite? Pensez-vous qu'il soit sage de donner des conseils aux autres, ou vaudrait-il mieux leur dire de prendre leurs propres décisions?

87. Ce que vous apprenez d'un ami est souvent ce qui est le plus utile. Décrivez quelquechose qu'un (une) de vos ami(e) vous a appris et l'effet que cela a eu sur vous. A l'avenir, essaierez-vous d'apprendre quelquechose à quelqu'un?

88. Décrivez un incident préjudiciel dont vous avez été témoin dans le passé et qui a suscité une forte réaction de votre part. Réagiriez-vous de la même façon aujourd'hui? Et à l'avenir?

89. Pour quelle cause, ou pour quel idéal, seriez-vous prêt(e) à donner votre vie? Imaginez dans quelles conditions vous seriez à même de faire un tel sacrifice.

90. La vie est parfois décrite comme un cercle fermé, ou comme plusieurs cercles concentriques dans lesquels on tourne en rond sans jamais aller nulle part. Que pensez-vous de ces symboles et comment s'appliquent-ils à la vie moderne?

91. Commentez cette maxime de La Rochefoucauld, écrite au XVIIe siècle, et appliquez-la à notre siècle en donnant des exemples précis:

> *La clémence des princes n'est souvent qu'une politique pour*
> *gagner l'affection des peuples.* (15)

92. Dans ses *Maximes* , La Rochefoucauld a écrit [*le*] *refus des louanges est un désir d'être loué deux fois.* (149)   Pouvez-vous expliquer ce qu'il veut dire par là? Donnez des exemples concrets.

93. *L'amour de la justice n'est, en la plupart des hommes, que*
    la crainte de souffrir l'injustice. (78)

Montrez, d'après cette maxime de La Rochefoucauld, l'opinion de l'auteur sur l'humanité en général.

94. *Les faux honnêtes gens sont ceux qui déguisent leurs défauts aux*
    autres et à eux-mêmes; les vrais honnêtes gens sont ceux qui les
    connaissent parfaitement, et les confessent. (202)

Expliquez le sens de «honnêtes gens» au XVIIe siècle.

II. A Vous de Lire!

Passages de Compréhension

Rappel à l'Etudiant!

Vous devez lire attentivement les passages qui suivent, afin de pouvoir répondre aux questions à choix multiples. Ces questions portent sur la compréhension du texte, la structure grammaticale de certaines phrases, et sur le sens de certaines expressions ou de certains mots isolés. Choisissez la réponse qui vous semble la plus appropriée.

Lisez les passages suivants et répondez aux questions d'après ce que vous avez compris de votre lecture.

I.

Si les journaux se portent bien, c'est qu'ils se rendent compte qu'ils doivent travailler sans relâche à la formation de nouveaux lecteurs. Alors que la télévision est absorbée passivement par les téléspectateurs, le journal, en revanche, exige une participation active de ses lecteurs. Pour cette raison, tous les grands quotidiens américains ainsi qu'une majorité de moyens et de petits journaux ont, au sein de leur équipe permanente, des responsables de la presse en classe. Leur mission: faire entrer le journal à l'école, former les professeurs, fournir du matériel pédagogique, faire de la lecture des journaux un élément clé du travail scolaire.

-Tiré de «Pour apprendre une langue étrangère, lisez les journaux» par Marie Galanti, *Le Journal Français d'Amérique*. Vol. 11, 2-15 juin 1989, p.2.

1. La presse se porte bien parce qu'elle
   a. publie beaucoup.
   b. augmente le nombre des lecteurs.
   c. fait de fructueuses recherches.
   d. n'a pas de comptes à rendre.

2. La différence marquante entre la télévision et le journal est que
    a. la télévision absorbe les programmes onéreux.
    b. la télévision exige un public trop actif.
    c. ni l'un, ni l'autre ne demande aucune interaction.
    d. le journal nécessite l'activité de ses lecteurs.

3. Dans la première phrase, l'expression «se rendent compte» veut dire
    a. sont conscients.
    b. sont comptés.
    c. sont accoutumés.
    d. sont contrôlés.

4. L'expression «au sein de» (ligne 5) signifie
    a. à la merci de.
    b. parmi.
    c. malgré.
    d. après tout.

5. Quelle est la tâche principale des journalistes dans les écoles?
    a. De corriger les autres.
    b. De donner les réponses aux élèves.
    c. De forcer l'activité physique dans les classes.
    d. D'augmenter l'usage pédagogique des journaux.

6. D'après cet article, la lecture d'un journal s'adapte bien au travail fait
    a. dans les trains.
    b. dans la rue.
    c. dans les classes.
    d. dans les missions.

7. L'expression «en revanche» (ligne 3) pourrait être remplacée par
    a. inversement.
    b. en comparaison.
    c. sans doute.
    d. pour autant.

II.

Du Mont Saint-Michel au Château d'If, du Beffroi de Lille à la cité de Carcassonne, quatre-vingts des plus beaux sites de l'Hexagone sont à vos pieds dans le parc Minifrance de Brignoles dans le département du Var.

Vitesse de croisière conseillée pour ce tour de France en miniature: quatre-vingts minutes! Soixante-dix architectes, chimistes, sculpteurs et décorateurs ont accumulé la bagatelle de 150,000 heures de labeur pour la réalisation de ces petites merveilles.

-Tiré de «Le Tour de France en 80 minutes» par Dominique Jacquard, *Femme d'Aujourd'hui*, 23-29 octobre 1989, No. 41, p. 25.

1. Pour visiter ce parc, il faut
   a. près d'une heure et demie.
   b. au moins deux jours.
   c. moins d'une heure.
   d. plus d'une matinée.

2. Ce parc en miniature a été réalisé par
   a. plus de mille spécialistes.
   b. une poignée d'hommes.
   c. moins de cent professionnels.
   d. près de trois cents personnes.

3. L'expression «à vos pieds» (ligne 3) pourrait être remplacée par
   a. à l'horizon.
   b. à votre portée.
   c. dans vos chaussures.
   d. souterrains.

4. Le parc Minifrance se trouve
   a. à Paris.
   b. dans un château.
   c. près d'un beffroi.
   d. à Brignoles.

III.

L'idée de voiturettes a germé, dans les pesanteurs du marécage administratif, de l'imagination fertile de quelques constructeurs particulièrement retors, le ministère de l'Equipement et des Transports ayant omis, durant de longues années, de redéfinir précisément tous les types de véhicules susceptibles de s'aventurer sur nos routes. C'est connu, il n'est point d'esprit pervers au cœur du législateur, pourtant cette absence de textes légaux, laissant libre cours aux productions marginales, faisait tache. Depuis le 29 mai 1986, par décret paru au Journal officiel, leur fabrication et leur utilisation en sont fermement réglementées. Voiture voiturette, outre qu'elle devra posséder tous les organes indispensables à la conduite (volant, freins, phares, rétroviseurs, ceintures de sécurité, etc.), n'aura qu'une puissance-moteur bridée à 9,6 kw (ou 13 ch *) et une emprise au sol n'excédant pas 3,50 m² (produit de la longueur hors tout par la largeur hors tout **) cette dernière ne dépassant pas 1,40 m.

-D'après «Les Voitures sans Permis» par Yves Le Ray. *Femme d'Aujourd'hui* , 25 septembre - 1ᵉʳ octobre 1989, p. 28.

* ch = chevaux

** hors tout = extérieure totale

1. La réglementation officielle des *voiturettes* date de
   a. 1976.
   b. 1948.
   c. 1988.
   d. 1986.

2. Ces petites voitures ont un moteur
   a. peu puissant.
   b. de 30 chevaux.
   c. très large.
   d. sans bride.

3. Dans la première phrase, le mot «retors» veut dire
   a. directs.
   b. simples.
   c. rusés.
   d. tordus.

4. L'idée d'une voiturette existe depuis
   a. peu de temps.
   b. bien des années.
   c. 1986.
   d. l'année passée.

5. Le résultat des nouveaux règlements de 1986 sera la production de voiturettes
   a. conformes.
   b. intéressantes.
   c. puissantes.
   d. inutilisables.

IV.

Sur le plan du cœur, rien ne sera vraiment facile. Mais peut-être devrí vous en prendre à votre instabilité, à l'aspect contradictoire de vos désirs et de vos aspirations. Mais par ailleurs, vous pourrez compter sur vos amis [...] et sur votre intelligence, votre habileté aussi, pour tirer votre épingle du jeu. Vous prendrez des décisions positives et serez exigeant(e) [...] plus que les autres n'en auront conscience.

-Tiré de «Horoscope» par Judith Benoît. *Femme d'Aujourd'hui*, 16-22 octobre 1989. No. 40. p. 67.

1. La personne née sous ce signe aura des amours
    a. merveilleux.
    b. problématiques.
    c. satisfaisants.
    d. réciproqués.

2. Dans la deuxième phrase, l'expression «vous en prendre à...» signifie
    a. vous faire prendre.
    b. blâmer.
    c. défendre.
    d. consulter.

3. L'expression «tirer votre épingle du jeu» (ligne 4) veut dire
    a. épingler.
    b. faire vos jeux.
    c. retirer vos cartes.
    d. vous en sortir.

4. Dans les décisions que vous prendrez, vous
    a. imposerez vos opinions.
    b. vous soumettrez aux autres.
    c. obéirez à votre conscience.
    d. manquerez d'esprit positif.

V.

Le restaurant La Tulipe Jaune, qui se trouve à St. Médar, près de Limoges, vient d'ouvrir ses portes le 1ᵉʳ décembre. Le propriétaire, Roger Ortolo, est l'ancien chef des Trois Clés, ce restaurant si renommé de la région. La Tulipe Jaune a deux petites salles à manger, dont l'une avec une grande fenêtre qui donne sur les bois des alentours. Il y avait un grand feu dans l'énorme cheminée en pierres du pays dont émanait une merveilleuse odeur de sapin. Des bouquets de fleurs des champs séchées décoraient l'entrée et les buffets des deux salles à manger.

Le repas a commencé par une soupe de homard très légère, aromatisée à l'estragon, suivie d'une ballottine de caille, complètement désossée; chaque petite caille reconstituée était farcie d'un pâté de foie de volaille, le tout servi avec une sauce Dijon, des olives noires, et un œuf de caille dur entouré de petits cornichons.

Ensuite il y avait un plat de gibier merveilleusement à point, avec une sauce au vin rouge et aux raisins de Corinthe, ce qui donnait à la sauce une magnifique couleur. Le repas s'est terminé par un gâteau au chocolat glacé, entouré d'un coulis de framboises strié d'une crème à la vanille.

Le service était excellent, et le propriétaire et sa femme d'une amabilité et d'un charme bien français.

1. Ce passage fait la critique
   a. d'un film.
   b. d'une soirée.
   c. d'un restaurant.
   d. d'une recette.

2. Le restaurant a ouvert ses portes
   a. au début de l'année.
   b. à la fin de l'année.
   c. au printemps dernier.
   d. l'été dernier.

3. La Tulipe Jaune est situé
   a. en pleine ville.
   b. au bord d'un lac.
   c. à Corinthe.
   d. près d'une forêt.

4. Dans ce restaurant, il y a
   a. une énorme salle commune.
   b. trois petites salles.
   c. deux salles à manger.
   d. une cheminée minuscule.

5. Le repas servi comprenait
   a. une soupe, une entrée, un plat et un dessert.
   b. un hors-d'œuvre, un poisson, du fromage et de la glace.
   c. une soupe, un pâté, du gigot et une tarte Tatin.
   d. un homard, une caille, un steak et une charlotte aux poires.

6. Le propriétaire est un ancien chef
   a. comptable.
   b. d'atelier.
   c. cuisinier.
   d. de file.

7. Le propriétaire est
   a. célibataire.
   b. marié.
   c. réfractaire.
   d. entêté.

VI.

Découvrir Montréal, c'est d'abord se familiariser avec son histoire, révélée par son architecture. En 1535, alors qu'il remonte le «chemin qui marche», comme les Indiens nomment alors le fleuve, Jacques Cartier met pied à Hochelaga, plante une croix sur la montagne et baptise l'endroit Mont Réal. Ce n'est toutefois qu'en 1642, avec l'arrivée du Sieur de Maison-Neuve, qu'est fondée Ville-Marie, qui deviendra Montréal. Sa situation idéale, à l'embouchure de la rivière des Outaouais et du fleuve Saint-Laurent, fera de ce poste de traite des fourrures le plus grand port intérieur du globe et, plus tard, une métropole internationale.

-Tiré de «Montréal, Tout un monde dans une île». *Destination Québec, Vacances d'Eté*. Gouvernement du Québec, Ministère du Tourisme. p. 9.

1. Dans la deuxième phrase, «alors qu'il remonte...», le pronom *il* remplace le nom
   a. Montréal.
   b. l'Indien.
   c. le fleuve.
   d. Jacques Cartier.

2. Le premier nom de la ville de Montréal était
   a. Ville-Marie.
   b. Mont Réal.
   c. Chemin qui marche.
   d. Croix sur la montagne.

3. La situation géographique de Montréal est
   a. imparfaite.
   b. idéale.
   c. malencontreuse.
   d. en péril.

4. L'histoire de Montréal se découvre grâce à
   a. son fleuve.
   b. ses Indiens.
   c. ses bâtiments.
   d. son mont.

5. A l'origine, le site de Montréal était
   a. un lieu où on vendait des peaux d'animaux.
   b. un endroit où on faisait des croix de bois.
   c. une ville stratégique.
   d. un confluent important.

VII.　　　　　*La Salle à Manger*

Il y a une armoire à peine luisante
qui a entendu les voix de mes grand-tantes,
qui a entendu la voix de mon grand-père,
qui a entendu la voix de mon père.
A ces souvenirs l'armoire est fidèle.
On a tort de croire qu'elle ne sait que se taire,
car je cause avec elle.

Il y a aussi un coucou en bois.
Je ne sais pas pourquoi il n'a pas de voix.
Je ne veux pas le lui demander.
Peut-être bien qu'elle est cassée,
la voix qui était dans son ressort,
tout bonnement comme celle des morts.

Il y a aussi un vieux buffet
qui sent la cire, la confiture,
la viande, le pain et les poires mûres.
C'est un serviteur fidèle qui sait
qu'il ne doit rien nous voler.

Il est venu chez moi bien des hommes et des femmes
qui n'ont pas cru à ces petites âmes.
Et je souris que l'on me pense seul vivant
quand un visiteur me dit en entrant:
Comment allez-vous, Monsieur Jammes?

- Tiré de *De l'Angélus de l'aube à l'Angélus du soir* de Francis Jammes.

1. Dans ce poème, Francis Jammes
   parlent d'objets
   a. inaperçus
   b. inanimés.
   c. inapprivoisés.
   d. inamicaux.

2. Ces objets semblent
   a. avoir un inconvénient.
   b. être inappréciables.
   c. être disponibles.
   d. avoir une âme.

3. Avec qui le poète cause-t-il?
   a. Un vieux meuble.
   b. Un coucou.
   c. Des membres de sa famille.
   d. Les morts.

4. Les deuxième et troisième strophes ont un vers de moins que la strophe précédente. Que veut ainsi suggérer l'auteur?
   a. Une inégalité déroutante.
   b. Le sens du temps qui court.
   c. L'idée de continuité.
   d. Une impression de vol.

5. Le coucou ne peut pas parler parce qu'il est
   a. mort.
   b. parti.
   c. cassé.
   d. malade.

6. Le vieux buffet avait, entre autres, une odeur de
   a. fleurs fanées.
   b. moisi.
   c. fumée.
   d. fruits.

7. L'armoire et le buffet sont
   a. mortifiés.
   b. personnifiés.
   c. inculqués.
   d. déshumanisés.

8. Qu'est-ce que le poète trouve d'amusant quand il reçoit des visiteurs? Le fait
   a. qu'ils le croient seul.
   b. qu'il se croit seul.
   c. qu'il a un domestique.
   d. qu'ils lui posent une question.

VIII.

La grande salle des machines à sous du casino de Deauville a été fréquentée depuis un an par plus d'un million deux cent mille personnes, alors qu'à un vol de mouette de là le Mont Saint-Michel, une des sept merveilles du monde, n'en a reçu que huit cent mille: ce qui tendrait à me faire conclure, avec une mauvaise foi évidente, que les foules croient plus aujourd'hui au miracle du jeu qu'à celui d'une quelconque révélation spirituelle.

- Tiré de «Deauville: Faites vos menus!» par Philippe Couderc. *Le Nouvel Observateur,* Numéro 1292, 10-16 août, 1989. p. 66.

1. D'après cet article, la majorité des gens préfèrent visiter
   a. les sites parisiens.
   b. le casino de Deauville.
   c. le Mont Saint-Michel.
   c. le sanctuaire des oiseaux.

2. Le Mont Saint-Michel est
   a. une des montagnes alpines.
   b. l'endroit où est mort Saint-Michel.
   c. un des plus beaux sites du monde.
   d. une station de ski.

3. L'expression «...à un vol de mouette...» (lignes 2-3) signifie
   a. en volant sur la mer.
   b. tout près.
   c. à la place d'un oiseau.
   d. en suivant les migrations.

4. La plupart des gens croient que, dans un casino, ils
   a. verront des miracles.
   b. seront protégés.
   c. obtiendront des faveurs.
   d. feront fortune.

5. A la fin du paragraphe (ligne 6), le mot «quelconque» signifie
   a. insignifiant.
   b. remarquable.
   c. quiconque.
   d. imaginaire.

IX.

L'industrie agroalimentaire a beau s'entourer, dans sa pub, de bataillons de grands-mères rassurantes moulant le fromage à la louche, de références au «bon vieux temps», jardiniers avec moustache et chapeau de paille... personne n'est dupe: la plus grande partie des aliments que nous consommons a fait un (ou plusieurs) séjours en usine avant d'arriver dans nos assiettes. Aucun doute: nous mangeons de plus en plus *industriel*. C'est probablement au prix d'un affadissement des saveurs, d'une uniformisation des goûts. Mais au moins—croit-on—cette industrie de la nouvelle bouffe nous offre-t-elle des garanties en béton au niveau de la qualité hygiénique des produits. Il suffit de visiter l'une quelconque de ces cuisines usines pour voir qu'on ne badine pas avec la propreté: on se croirait dans un atelier de la NASA. On se sent en confiance. Et on a tort. Car le mangeur moderne reste à la merci des inévitables bavures. Une négligence, l'irruption d'une bactérie inattendue, et hop! la soupe se change en poison.

- Tiré de «Ces Poisons dans votre Assiette». *Le Nouvel Observateur*, Numéro, 1295, 3 août-6 septembre, 1989. p. 6.

1. Pour donner confiance au public, qui présente les produits alimentaires? Des
   a. enfants adorables.
   b. hommes professionnels.
   c. personnes simples et réconfortantes.
   d. des jeunes femmes en chapeau d'été.

2. D'après cet article, la plupart de la nourriture que nous mangeons
   a. vient de la ferme.
   b. est préparée dans un libre-service.
   c. arrive directement par avion.
   d. est passée par plusieurs transformations.

3. Comment est le goût de la nourriture actuelle?
   a. Bien assaisonné.
   b. Assez fade.
   c. Amélioré.
   d. Informatisé.

4. A la ligne 8, «...en béton...» veut dire
   a. solides.
   b. fabriquées.
   c. bretonnes.
   d. d'hygiène.

5. D'après cet article, les ateliers de la NASA ont la réputation d'être
   a. impersonnels.
   b. accueillants.
   c. très propres.
   d. peu pratiques.

X.

Ils traversèrent la place: les feuilles de platane étaient collées aux bancs trempés de pluie. Heureusement, les jours avaient bien diminué. D'ailleurs, pour rejoindre la route de Budos, on peut suivre les rues les plus désertes de la sous-préfecture. Thérèse marchait entre les deux hommes qu'elle dominait du front et qui de nouveau discutaient comme si elle n'eût pas été présente; mais, gênés par ce corps de femme qui les séparait, ils le poussaient du coude. Alors elle demeura un peu en arrière, déganta sa main gauche pour arracher de la mousse aux vieilles pierres qu'elle longeait. Parfois un ouvrier à bicyclette la dépassait, ou une carriole; la boue jaillie l'obligeait à se tapir contre le mur. Mais le crépuscule recouvrait Thérèse, empêchait que les hommes la reconnussent. L'odeur de fournil et de brouillard n'était plus seulement pour elle l'odeur du soir dans une petite ville: elle y retrouvait le parfum de la vie qui lui était rendue enfin; elle fermait les yeux au souffle de la terre endormie, herbeuse et mouillée; s'efforçait de ne pas entendre les propos du petit homme aux courtes jambes arquées qui, pas une fois, ne se retourna vers sa fille; elle aurait pu choir au bord de ce chemin; ni lui, ni Duros ne s'en fussent aperçus.

- Tiré de *Thérèse Desqueyroux* par François Mauriac.

1. Dans ce passage, c'est
   a. l'hiver.
   b. le printemps.
   c. l'été.
   d. l'automne.

2. Thérèse se trouve entre deux hommes qui choisissent
   a. d'ignorer sa présence.
   b. de l'inviter à parler avec eux.
   c. d'être gênés par la boue.
   d. de ne pas discuter.

3. Thérèse choisit de traîner le pas parce qu'elle est
   a. fatiguée.
   b. fâchée.
   c. bousculée.
   d. mouillée.

4. Cette nuit le sens de l'odorat offre à Thérèse l'impression
    a. de renaître.
    b. d'être malade.
    c. d'un monde parfumé.
    d. de revenir en arrière.

5. Le mot «choir» (ligne 15) veut dire
    a. disparaître.
    b. tomber.
    c. s'évanouir.
    d. s'arrêter.

6. Le verbe auxiliaire «fussent» à la dernière ligne pourrait être remplacé par
    a. eurent.
    b. avaient.
    c. seraient.
    d. furent.

7. L'homme aux jambes courbes est
    a. son père.
    b. un ouvrier.
    c. son ami.
    d. son oncle.

8. Qu'est-ce qui aide Thérèse à ne pas être reconnue?
    a. Son grand manteau.
    b. L'obscurité du soir.
    c. La brume épaisse.
    d. Ses cheveux trempés.

9. Dans ce passage, on découvre que ces deux hommes
    a. n'ont aucun respect pour Thérèse.
    b. sont malhonnêtes.
    c. sont perdus.
    d. n'aiment pas sortir le soir.

XI.

Le Québec, c'est l'Amérique, version française. Sur l'immense territoire des nations autochtones, les cultures française et anglaise se sont donné rendez-vous: ainsi naquit une civilisation originale, qui fait du Québec un lieu unique en Amérique du Nord.

Les Québecois sont gens d'accueil et bons vivants. Cultivant le sens de la fête, ils communiquent leur contagieuse joie de vivre. Ils ont aussi su bâtir un réseau hôtelier de qualité et s'inspirer des meilleures cuisines du monde. En matière de tourisme, le Québec jouit d'une réputation d'excellence à l'échelle internationale.

Si le quotidien y emprunte à l'américanité, la parole a l'accent français, souvent assaisonné de sonorités qui témoignent d'origines lointaines. Vivant pour la plupart dans des villes modernes et animées, les Québecois ont néanmoins su préserver leur riche patrimoine architectural et culturel.

- Tiré de *Destination Québec, Vacances d'Été.* Gouvernement du Québec, Ministère du Tourisme. p. 9.

1. Quels sont les apports culturels que l'on trouve au Québec?
   a. Français et canadiens.
   b. Anglais et canadiens.
   c. Anglais et français.
   d. Canadiens et américains.

2. Comment sont les Québécois?
   a. Heureux et difficiles.
   b. Agréables et faciles.
   c. Gros et gras.
   d. Joyeux et joviaux.

3. Le Québec est réputé pour
   a. ses vins et ses salades.
   b. ses excellents hôtels.
   c. ses cuisines modernes.
   d. son réseau routier.

4. Dans le deuxième paragraphe, ligne 8, le verbe «jouit» pourrait être remplacé par
   a. bénéficie.
   b. a.
   c. apprécie.
   d. possède.

5. D'après le texte, la langue parlée au Québec est imprégnée de sons d'origine
   a. anglaise.
   b. canadienne.
   c. ancienne.
   d. esquimaude.

6. La plupart des gens du Québec vivent
   a. en ville.
   b. à la campagne.
   c. à la montagne.
   d. en province.

7. Les Québécois sont parvenus à garder
   a. leur cuisine et leurs chants.
   b. les fêtes et les contagions.
   c. l'échelle et le tourisme.
   d. leur style et leur culture.

XII.

Sur le chapître de la politesse, [...] à s'en tenir aux apparences, j'ai été beaucoup plus poli que modeste. La civilité de mes maîtres m'avait laissé un si vif souvenir, que je n'ai jamais pu m'en détacher. C'était la vraie civilité française, je veux dire celle qui s'exerce, non seulement envers les personnes que l'on connaît, mais envers tout le monde sans exception. [...] Beaucoup de personnes, surtout en certains pays, suivent la règle justement opposée; ce qui les mène à de grandes injustices. Pour moi, il m'est impossible d'être dur pour quelqu'un *a priori*. Je suppose que tout homme que je vois pour la première fois doit être un homme de mérite et un homme de bien, sauf à changer d'avis (ce qui m'arrive souvent) si les faits m'y forcent. C'est ici la règle sulpicienne qui, dans le monde, m'a mené aux situations les plus singulières et a fait le plus souvent de moi un être démodé, d'ancien régime, étranger à son temps. La vieille politesse, en effet, n'est plus guère propre qu'à faire des dupes. Vous donnez, on ne vous rend pas.

- Tiré de *Souvenir d'Enfance et de Jeunesse* par Ernest Renan.

1. Dans ce passage, quelle est la position de l'auteur envers la politesse?
   a. Il la condamne.
   b. Il la pratique.
   c. Il la regrette.
   d. Il la trouve impossible.

2. Comment l'auteur réagit-il aux personnes qu'il rencontre pour la première fois?
   a. Il les soupçonne.
   b. Il les accepte.
   c. Il les rejette.
   d. Il les trouve durs.

3. Que veut dire l'auteur par «C'est ici la règle sulpicienne...» (ligne 10)? - Il veut dire que c'est une règle
   a. de très bon goût.
   b. très appréciée.
   c. supplémentaire.
   d. peu acceptée.

4. Après sa première impression de quelqu'un, l'auteur

    a. reste toujours sur cette impression.

    b. ne garde pas toujours la même impression.

    c. n'est pas influencé par les faits.

    d. reste dur envers de nouvelles connaissances.

5. Les autres considèrent l'auteur comme

    a. étant dans le vent.

    b. vraiment branché.

    c. étant arriéré.

    d. vraiment étrange.

6. Pendant sa vie, l'auteur a toujours traité les autres

    a. avec dureté.

    b. en étrangers.

    c. avec bienveillance.

    d. sans façons.

7. Laquelle des expressions suivantes pourrait remplacer «d'ancien régime...» à la ligne 11?

    a. d'une autre époque.

    b. d'autres moyens.

    c. d'un autre pays.

    d. d'autres gens.

8. Pourquoi l'auteur nous dit-il qu'il a «été beaucoup plus poli que modeste» (lignes 1-2)?

    a. Parce que c'est ce qu'il a le moins exercé.

    b. Parce que ses parents l'ont forcé à être poli.

    c. Parce que la modestie ne l'attirait pas.

    d. Parce qu'il a voulu imiter ses maîtres.

9. Pourquoi l'auteur dit-il que la politesse fait des «dupes» (ligne 12)? Parce que

    a. les gens polis sont victimes des autres.

    b. c'est une plaisanterie; l'auteur est ironique.

    c. recevoir est plus important que donner.

    d. d'être poli n'est pas intelligent.

XIII.

La rivière était bordée par des grèves de sable. On rencontrait des trains de bois qui se mettaient à onduler sous le remous des vagues, ou bien, dans un bateau sans voiles, un homme pêchait; puis les brumes errantes se fondirent, le soleil parut, la colline qui suivait à droite le cours de la Seine peu à peu s'abaissa, et il en surgit une autre, plus proche, sur la rive opposée.

Des arbres la couronnaient parmi des maisons basses couvertes de toits à l'italienne. Elles avaient des jardins en pente que divisaient des murs neufs, des grilles de fer, des gazons, des serres chaudes, et des vases de géraniums, espacés régulièrement sur les terrasses où l'on pouvait s'accouder. Plus d'un, en apercevant ces coquettes résidences, si tranquilles, enviait d'en être propriétaire, pour vivre là jusqu'à la fin de ses jours....

-Tiré de *L'Education Sentimentale* par Gustave Flaubert.

1. Le style de ce passage est
   a. scientifique.
   d. abstrait.
   c. descriptif.
   d. gothique.

2. Sur la rivière, on pouvait voir
   a. passer un train.
   b. des troncs d'arbres.
   c. des bateaux à voiles.
   d des baigneurs.

3. Qu'est-ce qu'il y avait le long de la Seine? Des
   a. collines. = hills
   b. usines.
   c. troupeaux.
   d. châteaux.

4. Comment étaient les maisons le long du fleuve?
   a. Délapidées.
   b. Très hautes.
   c. De style allemand.
   d. Très agréables.

5. A quoi rêvaient les gens en voyant ces maisons? A
   a. les posséder.
   b. s'en échapper.
   c. les reconstruire.
   d. les rendre plus austères.

6. Que voyait-on sur les terrasses de ces maisons? Des
   a. chaises et des tables.
   b. vases de fleurs.
   c. cages pour animaux.
   d. femmes coquettes.

7. Choisissez le meilleur synonyme pour «...jusqu'à la fin de ses jours». (fin de la dernière phrase).
   a. Jusqu'à la fin du monde.
   b. Jusqu'au soir.
   c. Jusqu'à sa mort.
   d. Jusqu'à l'horizon.

8. Dans la première phrase du second paragraphe, le pronom complément *la* remplace
   a. la Seine.
   b. la brume.
   c. la rive.
   d. une colline.

XIV.

Certains jours de l'année, les habitants de la ville et de la campagne se rencontraient à des foires appelées *assemblées*, qui se tenaient dans les îles et sur des forts autour de Saint-Malo; ils s'y rendaient à pied quand la mer était basse, en bateau lorsqu'elle était haute. La multitude de matelots et de paysans; les charrettes entoilées; les caravanes de chevaux, d'ânes et de mulets; le concours des marchands; les tentes plantées sur le rivage; les processions de moines et de confréries qui serpentaient avec leurs bannières et leurs croix au milieu de la foule; les chaloupes allant et venant à la rame ou à la voile; les vaisseaux entrant au port, ou mouillant la rade; les salves d'artillerie, le branle des cloches, tout contribuait à répandre dans ces réunions le bruit, le mouvement et la variété.

-Tiré de *Les Mémoires d'Outre-Tombe* par F. René de Chateaubriand.

1. Comment cette scène est-elle décrite?
   a. Avec beaucoup de symboles.
   b. De façon à évoquer l'animation des foires.
   c. Sans précision.
   d. Sans aucune image.

2. Où les foires se passaient-elles?
   a. En pleine ville.
   b. Sous les ponts.
   c. Près de la mer.
   d. Sur les voitures à chevaux.

3. Que faisaient les écclésiastiques? Ils
   a. se promenaient en bateau.
   b. marchaient en portant des crucifix.
   c. baptisaient les enfants dans le mer.
   d. prêchaient devant la foule.

4. Quels animaux faisaient partie de ces *assemblées* ?
   a. Les ânes, les mulets et les chevaux.
   b. Les chiens et les chats domestiques.
   c. Les animaux de la basse-cour.
   d. Les pies voleuses.

5. D'après le passage, qu'est-ce qui contribuait au bruit de ces réunions?
   a. La rade.
   b. Les coups de canon.
   c. Les bannières et les croix.
   d. Les tentes.

6. Combien de phrases y a-t-il dans ce passage?
   a. Une seule phrase.
   b. Six courtes phrases.
   c. Une longue phrase et deux phrases plus courtes.
   d. Une phrase assez courte et une très longue phrase.

XV.

Le président Abdou Diouf du Sénégal a ouvert à Dakar en présence de seize chefs d'Etat le troisième Sommet des pays ayant en commun l'usage du français. Il s'agit du premier à se tenir en terre africaine. Les deux premiers s'étaient tenus à Paris et Québec.

Le président François Mitterrand arrivé à Dakar à cette occasion a été accueilli par le président Abdou Diouf. Interrogé depuis Dakar, le premier ministre de la Francophonie, Alain Decaux, devait déclarer: «Il faudrait que les Français n'oublient pas qu'ils ont des devoirs vis-à-vis de leur langue» et s'est félicité de «la vivacité de l'ensemble de la communauté francophone».

-«Francophonie: le troisième sommet s'est tenu à Dakar», *Journal Français d'Amérique*, v. 11, numéro 12, 2-25 juin 1989. San Francisco. p. 1.

1. La Francophonie représente
   a. les pays africains.
   b. la France et l'Afrique.
   c. les pays de langue française.
   d. la France et le Canada.

2. Les Français, d'après ce passage, ont des obligations envers
   a. les pays francophones.
   b. la langue française.
   c. la communauté européenne.
   d. le ministre de la francophonie.

3. Le mot «vivacité» (ligne 8) signifie
   a. apathie.
   b. mollesse.
   c. langueur.
   d. entrain.

XVI.

Tous les ans, les 24 et 25 mai, a lieu le pélerinage des Gitans aux Saintes-Maries-de-la-Mer, cette ville côtière de la Camargue. Ce jour-là, les Gitans venus du monde entier établissent un camp derrière les dunes de la plage. L'après-midi du 24 mai, les châsses des Saintes-Maries, parmi lesquelles celle de Sara la Noire, sainte patronnë des Gitans, sont amenées dans la nef de l'église. Le lendemain, les statues précédées d'un long cortège sont portées à pied dans les rues jusqu'à la plage et plongées dans la mer. Au premier rang du cortège se trouvent les manadiers, les *ranchers* de Camargue avec leurs femmes habillées du costume traditionnel arlésien de soie et de velours. Viennent ensuite les gardians de Camargue à cheval, puis les Gitans portant de longs cierges. Après les vêpres, les châsses sont retournées dans leur sanctuaire dans la chapelle haute de l'église.

- «Rassemblement des Gitans aux Saintes-Maries-de-la-Mer». *Journal Français d'Amérique*, v. 11, numéro 22, 3-16 novembre 1989. p. 12.

1. Chaque printemps, aux Saintes-Maries-de-la-Mer, il y a
   a. un banquet.
   b. un bal.
   c. une procession.
   d. une manifestation.

2. Les Gitans, ou Bohémiens, qui participent aux festivités sont logés
   a. dans les hôtels locaux.
   b. chez les habitants de la ville.
   c. sur la montagne.
   d. dans un encampement.

3. Les fêtes durent pendant
   a. une semaine.
   b. un seul jour.
   c. deux jours.
   d. plus d'un mois.

4. Le mot «châsses» (ligne 4) pourrait être remplacé par
   a. coffres.
   b. corps.
   c. animaux.
   d. bijoux.

5. Que fait-on de très spécial le 25 mai avec les statues des Saintes?
   a. On les promène dans le cimetière.
   b. On les met dans l'église.
   c. On les trempe dans l'eau.
   d. On les amène aux gardians.

6. On pourrait remplacer «à pied» (ligne 6) par
   a. avec les pieds.
   b. sans souliers.
   c. sans précédent.
   d. en marchant.

XVII.

Pour cause de canicule, certaines usines ont elles aussi aménagé leurs horaires, mais pas pour produire plus. Tout simplement parce qu'il faisait trop chaud. Ainsi dans les établissements le Filet Bleu, de Quimper, trente-cinq salariés, pour la plupart des femmes, spécialisées dans la confection de biscuits, ont modifié leurs heures de travail. «Habituellement», explique Robert Penamen, directeur général de l'entreprise, «les salariés commençaient à huit heures du matin. Elles ont embauché à six heures, pour finir deux heures plus tôt. Il y a eu des pointes de 40° C à l'intérieur de l'usine, malgré la ventilation.»

Ces horaires d'été n'ont concerné que la ligne biscuits à la cuiller aux œufs, la plus sensible à tous points de vue à la chaleur. «Côté qualité, c'est important», affirme Penamen, «nous avons intérêt à éviter la chaleur pour les composants des biscuits et pour les salariés.»

-Tiré de «40 Degrés au Filet Bleu». *Le Nouvel Observateur*. No. 1292, 10-16 août 1989. p. 33.

1. Cette petite rubrique se rapporte _____ qui a sévi durant l'été 1989.
   a. aux horaires
   b. à la chaleur
   c. aux biscuits
   d. à la confection

2. La personne dont on cite les paroles est
   a. le patron de l'usine.
   b. un ouvrier de la fabrique.
   c. le reporter du journal.
   d. une salariée du Filet Bleu.

3. Pour éviter les chaleurs de l'après-midi, les heures de travail ont été
   a. diminuées.
   b. retardées.
   c. avancées.
   d. augmentées.

4. Les heures de travail ont été changées surtout pour
   a. produire davantage.
   b. plaire au directeur.
   c. embaucher des travailleurs.
   d. assurer la qualité.

5. D'après le passage, pour quelle raison les employés sont-ils principalement des femmes? Parce que
   a. c'est une usine de biscuits.
   b. les femmes aiment faire des gâteaux plus que les hommes.
   c. les femmes supportent mieux la chaleur.
   d. les femmes employées sont des spécialistes.

XVIII.

C'est un bébé de une semaine et il a déjà tous les symptômes du vieux junkie. Il est sans cesse agité de spasmes. Son petit corps se tord en convulsions dès qu'on le touche. Il est mal parti dans la vie. Déjà à l'état de fœtus, sa mère lui a injecté à travers le cordon ombilical des doses massives de crack. A côté de lui se trouve un autre *bébé toxico*. Un peu plus âgé. Il a un mois et il en est à sa deuxième crise cardiaque. Placé sous incubateur, il respire grâce à un masque à oxygène et est nourri par perfusion. On lui attache les mains pour l'empêcher de se blesser contre la vitre ou d'arracher les tuyaux qui le maintiennent en vie. [...]

Peu de fœtus de droguées parviennent à dépasser le sixième mois de grossesse. La prise de substances hallucinogènes provoque chez leur génitrice une hypertension qui empêche l'œuf de rester fixé à la paroi utérine. S'ils arrivent malgré tout à terme, ils seront plus petits, plus légers et présenteront des malformations du système urinaire et génital. Leur tête n'arrivera pas à se maintenir droite. Ils seront pour le reste de leur existence hyper-émotifs, paranoïaques, accros aux drogues de leur mère ainsi qu'aux calmants qui les ont sauvés! Génération-crack.

- Tiré de «Les Enfants du Crack» par Bernard Werber. *Le Nouvel Observateur*, numéro 1295, du 31 août au 6 septembre 1989. p. 53.

1. Le thème principal de ce passage est
   - a. l'effet destructeur des drogues.
   - b. le problème de l'enfance.
   - c. les maladies de cœur.
   - d. la nourriture des bébés.

2. Le bébé le plus âgé n'a pas les mains libres parce qu'il
   - a. ne se nourrit pas.
   - b. n'est pas malade.
   - c. a des spasmes dangereux.
   - d. respire artificiellement.

3. Les bébés des mères qui se droguent
   - a. vivent très longtemps.
   - b. arrivent toujours à terme.
   - c. ne sont jamais déformés.
   - d. sont des condamnés.

4. Quel est le résultat désiré des calmants administrés à ces bébés? Ils les
   - a. intoxiquent.
   - b. aident à survivre.
   - c. irritent.
   - d. affaiblissent.

5. L'expression «Il est mal parti...» (ligne 3) signifie qu'il
   - a. n'est pas vraiment parti.
   - b. débute mal.
   - c. va mal.
   - d. fait du mal.

XIX.

Les petits commerces à l'ancienne en voie de disparition; un constat qui serre forcément le cœur. Alors définitivement perdu le charme des boutiquiers d'antan? Les chiffres sont formels. A Paris, les drogueries sont passées en neuf ans de neuf cent quarante-quatre à quatre cent cinquante-huit. Sur l'ensemble de la France: de treize mille sept cents à neuf mille quatre cents. Il reste dans la capitale deux cent quatre-vingt-dix merceries. Il y en avait cinq fois plus il y a dix ans. Cependant, un retour à ce petit artisanat semble s'amorcer. Les commerçants concernés apprennent l'informatique, indispensable pour gérer un stock complet. Un pari périlleux face à la dure loi de «la consommation express».

- Tiré de «Adieu marchands de fils et de couleurs...». *Femme d'Aujourd'hui*, 25 septembre-1er octobre, 1989. p. 24.

1. En dix ans, le nombre de petits magasins
   a. a plus que doublé.
   b. a très peu diminué.
   c. a diminué de moitié.
   d. est resté constant.

2. Le terme «en voie de disparition» (ligne 1) pourrait être remplacé par
   a. amenés à disparaître.
   b. en constant mouvement.
   c. peu disponibles.
   d. vendus aux anciens.

3. Pour se défendre, les propriétaires de petites boutiques
   a. font des vieux paris.
   b. obéissent aux lois.
   c. achètent des stocks.
   d. se mettent à la page.

4. Le sentiment exprimé dans cette rubrique quant à cette disparition est un sentiment de
   a. tristesse.
   b. joie.
   c. désinvolture.
   d. soulagement.

5. La société d'aujourd'hui est caractérisée par
   a. un désir de rapidité.
   b. le péril.
   c. le charme.
   d. un retour à l'ancien.

6. A la ligne 9, «la consommation express» veut dire
   a. un café noir.
   b. une lettre livrée en main propre.
   c. ce qui se fait rapidement.
   d. un train à grande vitesse.

XX.

C'est l'heure incertaine entre chien et loup, quand la nuit fait son lit. Le jour s'accroche encore à la cime des arbres, mais la pénombre sournoise s'infiltre entre les taillis, noie les sentiers. Au loin, les derniers cris d'oiseaux, puis le silence, opaque et inquiet. Au milieu de la clairière, un cerf debout, tête dressée, hume l'air mouillé. A la lisière, quelques biches avec leurs faons broutent paisiblement. Le voilà qui bouge. L'artiste effectue un tour de piste dans un dernier halo de lumière pâle. Bien détaché sur le décor sombre des arbres. Superbe avec ses grands bois et son épaisse crinière rousse couvrant le cou et les épaules, il gratte le sol d'une patte nerveuse, va et vient sur son territoire. Enfin, il se fige, tend vers le ciel avec majesté un mufle humide et voici que monte un appel puissant et prolongé, cri d'amour et de défi. Le brame résonne longuement.

- Tiré de «Quand brame le cerf» par Sophie Adam. *Femmes d'Aujourd'hui*, semaine du 16 au 22 octobre 1989, numéro 40. p. 58.

1. Dans ce passage, l'auteur nous parle
   a. de la naissance du jour.
   b. d'un chasseur dans la forêt.
   c. d'un loup et d'un chien.
   d. d'un animal majestueux.

2. L'expression «entre chien et loup» (ligne 1) signifie
   a. entre deux animaux.
   b. au crépuscule.
   c. au lever du jour.
   d. entre les arbres et la rivière.

3. L'animal en question est
   a. avec des femelles.
   b. au milieu d'un troupeau.
   c. avec les oiseaux.
   d. debout seul.

4. L'auteur compare l'animal à un artiste parce qu'il
   a. semble être sur une scène de théâtre.
   b. piétine le sol comme dans un cirque.
   c. est détaché du reste du troupeau.
   d. marche lourdement dans les sentiers.

5. L'animal lance son cri dans l'air pour
   a. effrayer les femelles.
   b. montrer qu'il a peur.
   c. attirer les biches.
   d. indiquer son départ.

6. A la ligne 10, le sujet du verbe «monte» est
   a. que.
   b. un appel.
   c. un mufle.
   d. il.

XXI.

Déesses des mers, Calumet de la paix... en voilà de drôles de noms pour des brouettes! Ce ne sont pas des brouettes ordinaires, puisque de compétition. Depuis cinq ans, à Saligny (Vendée), une centaine de personnes s'essaient au *pousse-pousse chinois* (façon France rurale!) devant un public enthousiaste. Il faut dire que la performance est de taille: des équipes (formées de quatre personnes, tour à tour, *pousseur* et *poussé*) courent pendant trois heures en essayant de parcourir le plus grand nombre de kilomètres. Une rencontre de sportifs, mais aussi de créatifs, puisque le deuxième prix récompense le plus beau *véhicule* [...] Un hommage involontaire à l'anonyme inventeur de la brouette, connue en Chine de très bonne heure. L'empire du Milieu perfectionna ce moyen de transport en y ajoutant, pour faciliter son mouvement, des voiles. En France, Pascal en modifia un modèle. Son nom: *vinaigrette*. Piquant, devrait-on dire, non?

- Tiré de «Des Brouettes à l'Appel». *Femme d'Aujourd'hui*,
numéro 41, semaine du 23 au 29 octobre 1989. p. 24.

1. Normalement, à quoi sert une brouette?
   a. A voyager seul.
   b. A se promener.
   c. A transporter des matériaux.
   d. A transporter des gens.

2. Cette compétition très spéciale existe depuis
   a. toujours.
   b. quelques années.
   c. un siècle.
   d. une décennie.

3. La brouette a été inventée par
   a. Pascal.
   b. les coureurs.
   c. le Milieu.
   d. les Chinois.

4. Pourquoi est-ce que le nom de la brouette de Pascal est plutôt «piquant»? Parce que ce nom suggère
   a. quelque chose d'acide.
   b. une aiguille qui pique.
   c. un insecte qui a piqué.
   d. quelqu'un de désagréable.

5. Pour aller plus vite, les Chinois avaient ajouté à la brouette des
   a. pédales.
   b. roues.
   c. voiles.
   d. ailes.

XXII.

Selon, je crois, des dires, le ver luisant annonce son apparition plus ou moins lumineuse, plus ou moins renouvelée, plus ou moins près de certains endroits, plus ou moins multipliée, car, toujours selon les dires, il se meut sous l'influence de ce qui doit advenir; le ver présage ou une tempête sur la mer, ou une révolution sur terre: alors il est sombre, se rallume et s'éteint; puis un miracle: alors on le voit à peine; puis un meurtre: il est rougeâtre; puis de la neige: ses pattes deviennent noires; du froid: il est d'un vif éclat sans cesse; de la pluie: il change de place; des fêtes publiques: il frémit dans l'herbe et s'épanche en innombrables petits jets de lumière; de la grêle: il se remue par saccades; du vent: il semble s'enfoncer en terre; un beau ciel pour le lendemain: il est bleu; une belle nuit: il étoile l'herbe à peu près comme pour les fêtes publiques, seulement il ne frémit pas. Pour un enfant qui naît, le ver est blanc; enfin, à l'heure où s'accomplit une étrange destinée, le ver luisant est jaune.

Je ne sais jusqu'à quel point ces dires doivent être crus...

-D'après *Le Diamant de l'Herbe* par Xavier Fornerey.

1. Dans ce passage, de quoi l'auteur nous parle-t-il?
   a. D'un caméléon.
   b. Du vent.
   c. De la pluie.
   d. Du ver luisant.

2. Que fait cette créature pour annoncer les fêtes publiques? Elle
   a. tremble et donne une lumière intermittente.
   b. bouge sans cesse et se glisse dans son trou.
   c. se rallume petit à petit.
   d. change de couleur.

3. D'après le passage, quels sont les événements que cette créature présage?
   a. Les tempêtes et les marées.
   b. Les miracles et les messes.
   c. Les naissances et les morts.
   d. Les nuit chaudes et les journées froides.

4. A l'avant-dernière phrase, le verbe *s'accomplit* signifie
   a. s'actionne.
   b. se termine.
   c. se réalise.
   d. s'aggrave.

5. Le substantif «dires» dans la première phrase veut dire
   a. ce que je dis.
   b. ce qu'on raconte.
   c. ce que les livres indiquent.
   d. ce que les animaux font.

6. Combien de phrases complètes y a-t-il dans ce passage?
   a. Trois.
   b. Cinq.
   c. Une.
   d. Deux.

7. Quelles semblent être les propriétés de la créature dans ce passage? Elle peut
   a. voyager sous la mer et sous terre.
   b. prédire le temps et les événements.
   c. faire briller les étoiles.
   d. faire frémir les choses et les gens.

XXIII.

Candide [...] s'avisa un beau jour de printemps, de s'aller promener, marchant tout droit devant lui, croyant que s'était un privilège de l'espèce humaine, comme de l'espèce animale, de se servir de ses jambes à son plaisir. Il n'eut pas fait deux lieues, que voilà quatre autres héros de six pieds qui l'atteignent, qui le lient, qui le mènent dans un cachot. On lui demanda juridiquement ce qu'il aimait le mieux d'être fustigé trente-six fois par tout le régiment, ou de recevoir à la fois douze balles de plomb dans la cervelle. Il eut beau dire que les volontés sont libres, et qu'il ne voulait ni l'un ni l'autre, il fallut faire un choix; il se détermina, en vertu du don de Dieu qu'on nomme *liberté,* à passer trente-six fois par les baguettes; il essuya deux promenades. Le régiment était composé de deux mille hommes. Cela lui composa quatre mille coups de baguettes...

-Tiré de *Candide* par Voltaire.

1. Le ton de ce passage est avant tout
   a. dramatique.
   b. ironique.
   c. pessimiste.
   d. aggressif.

2. A quoi pense Candide lorsqu'il va se promener?
   a. Aux joies du printemps.
   b. Au plaisir d'utiliser ses jambes.
   c. Aux droits des animaux.
   d. A l'absurdité des promenades.

3. Qu'est-ce qu'il lui arrive tout à coup? Il
   a. rencontre des soldats qu'il connaissait.
   b. est atteint d'un mal aux pieds.
   c. est fait prisonnier par plusieurs hommes.
   d. devient très cachotier.

4. Quel choix lui donne-t-on? Celui
   a. d'être libéré ou pendu.
   b. de recevoir des paquets ou de la nourriture.
   c. de choisir douze ballons ou douze soldats.
   d. d'être battu ou fusillé.

5. Dans son argument avec les hommes du régiment, ce qui nous frappe est
   a. sa naïveté.
   b. son bon sens.
   c. son optimisme.
   d. sa cruauté.

6. Quel est «le don de Dieu» auquel croit Candide? Le don
   a. de pouvoir se soumettre.
   b. de pouvoir s'abstenir.
   c. d'être libre.
   d. d'être vertueux.

7. Pourquoi Candide choisit-il les coups de baguettes? Pour
   a. se punir.
   b. être libéré.
   c. en finir.
   d. ne pas mourir.

XXIV.

«Je viens de rater un mariage, telle que vous me voyez.

-Encore? mais c'est une spécialité!

-Oh! ce n'est que le quatorzième ... Je suis encore dans la moyenne! ... Et c'est vous qui me l'avez fait rater....

-Moi? par exemple! ... Comment ça?»

Renée se leva, enfonça ses mains dans ses poches, et se mit à marcher d'un bout du salon à l'autre. De temps en temps, elle s'arrêtait court et pirouettait sur un talon en faisant une espèce de sifflement.

«Oui, vous! fit-elle en revenant à Denoisel [son parrain]. Si je vous disais que j'ai refusé deux millions?

-Ils ont dû être bien étonnés.

-Vous dire, par exemple, que je n'ai pas été tentée ... Il ne faut pas se faire plus forte que l'on est...avec vous, je ne pose pas ... Eh bien! si. un moment j'ai été bien près d'être pincée ... C'était M. Barousse qui avait arrangé ça ... très gentiment ... Ici, vous comprenez, on me travaillait ... Maman et Henri me donnaient des assauts. J'étais sciée toute la journée ... Et puis, à part moi, je rêvais aussi un peu ... Enfin, ce qu'il y a de sûr, c'est que j'ai été deux nuits à dormir très mal ... C'est plein d'insomnies, les millions! ...

-D'après *Renée Mauperin* par Edmond et Jules de Goncourt.

1. Quel est le sujet de ce passage?
   a. Le mariage d'une jeune fille.
   b. Des problèmes d'argent.
   c. Un mariage manqué.
   d. Une nuit blanche.

2. Entre qui se passe cette conversation?
   Entre
   a. un monsieur et sa femme.
   b. un monsieur et sa fille.
   c. un hommes d'affaires et sa cliente.
   d. un parrain et sa filleule.

3. Est-ce que la jeune femme a déjà
   manqué des mariages?
   a. Oui, treize.
   b. Non, jamais.
   c. Oui, trois.
   d. Non, c'est le premier.

4. A cause de qui a-t-elle refusé ce
   mariage? A cause de
   a. sa mère.
   b. son parrain.
   c. sa sœur.
   d. ses insomnies.

5. Quand la jeune femme dit «...j'ai été
   bien près d'être pincée...» (lignes 13-
   14) elle veut dire qu'elle a
   a. failli être emprisonnée.
   b. presque utilisé des pinces.
   c. presque consenti à se marier.
   d. failli être évincée.

6. Comment nous semble cette jeune
   fille?
   a. Très sérieuse.
   b. Assez raisonnable.
   c. Très émancipée.
   d. Plutôt avare.

7. Qu'est-ce que l'idée de beaucoup
   d'argent l'empêche de faire? De
   a. dormir.
   b. parler.
   c. travailler.
   d. s'assommer.

XXV.

Vous désirez faire installer un stéréo dans votre voiture, mais avant de prendre une décision définitive, il faut choisir parmi de nombreux systèmes en vente celui qui convient le mieux à vos besoins et qui puisse s'adapter à votre voiture. Vous avez arrêté votre choix sur deux ou trois haut-parleurs, mais il faut tenir compte de leur taille. Ensuite, il faut décider quels autres éléments vont être incorporés à l'ensemble. Avez-vous besoin d'un récepteur à modulation de fréquence? Faudrait-il ajouter un magnétophone à cassettes, un lecteur de disques compacts? Suivant vos goûts en musique, vous choisirez un système qui met l'accent sur les sons graves ou les sons à haute fréquence. Quelle puissance de sortie désirez-vous par canal? Finalement, il faut considérer le prix et aussi le coût de l'installation. Une fois votre décision prise et l'installation complétée, il ne vous reste plus qu'à prendre le volant et à écouter votre musique favorite!

1. Que faut-il surtout prendre en considération quand on choisit un stéréo pour sa voiture?
   a. La puissance et les fréquences.
   b. Les besoins et les goûts personnels.
   c. La taille et l'installation.
   d. Les sons graves et aigus.

2. Par quoi est-on limité? Par
   a. le prix et la taille.
   b. la région et la puissance.
   c. le son et la conception.
   d. la musique et les fréquences.

3. Une fois le système installé, que reste-t-il à faire?
   a. Le renvoyer.
   b. L'améliorer.
   c. S'en réjouir.
   d. Acheter un antivol.

4. Le mot «canal» (ligne 9) veut dire
   a. voie navigable.
   b. voie hiérarchique.
   c. voie des airs.
   d. voie de communication.

5. L'expression «...tenir en compte...» (ligne 4) veut dire
   a. considérer.
   b. garder en banque.
   c. calculer.
   d. respecter.

6. Le verbe «ajouter» (ligne 6) pourrait être remplacé par
   a. éliminer.
   b. considérer.
   c. écouter.
   d. proposer.

7. L'expression *mettre l'accent sur*, employée à la ligne 8, veut dire
   a. écrire correctement.
   b. faire ressortir.
   c. parler peu clairement.
   d. effacer.

III. A l'Ecoute!

Questions et Commentaires

Rappel à l'Etudiant!

Le but de cet exercice est de comprendre une question ou une phrase énoncée dans un français authentique, à un débit normal, et de choisir la bonne réponse parmi les choix imprimés dans votre manuel. Si vous travaillez chez vous, utilisez la cassette appropriée. Ecoutez attentivement, jusqu'à ce que vous compreniez ce que vous entendez; ensuite, sélectionnez la réponse qui vous semble la plus logique parmi les quatre choix imprimés. Si vous travaillez en classe, votre professeur arrêtera sans doute la cassette pour vous donner le temps nécessaire de lire les possibilités. Peu à peu, en travaillant à la maison, vous devriez vous entraîner à choisir la réponse en 12 secondes maximum.

Vous entendrez une question ou un commentaire. Ecoutez attentivement, et choisissez la meilleure réponse parmi celles qui sont imprimées dans votre manuel.

1. ...
   a. Oui, il vaut mieux désigner à l'avance celui qui prendra le volant.
   b. Il se conduit mal en public et ses parents devraient le corriger.
   c. Il faut toujours donner à boire et à manger aux animaux.
   d. Les assurances tous risques assurent la sécurité routière partout.

2. ...
   a. Les quatre vins choisis ne lui ont pas plu pourtant.
   b. La décadence est un problème à résoudre.
   c. L'ouverture des frontières européennes a remonté le moral.
   d. Oui, c'est vrai qu'elle me ressemblait au début.

3. ...
   a. Le brouillard est bien épais ce matin.
   b. C'est vrai, et elle est très rusée pour ça.
   c. Il faut le mettre à la ligne dans ton brouillon aussi.
   d. Des cafés filtres lui ont toujours plu.

4. ...
   a. Si je n'avais pas tout dépensé, je partirais avec toi!
   b. La Tour Eiffel est celle qu'on passe en bateau-mouche.
   c. Mais je fais attention quand je voyage en été!
   d. Il y a une chambre de libre à l'Hôtel du Monde.

5. ...
   a. S'il tombe, il risque de casser ses skis ou de se casser la jambe.
   b. S'il en tombe trop, tu ne sortiras pas de chez toi!
   c. Il s'en tirera, mais il est tombé de plusieurs mètres.
   d. Vouloir que quelqu'un tombe n'est pas gentil.

6. ...
   a. Les croissants qu'on sert en Europe sont bien cuits.
   b. La carte indique clairement les frontières nationales.
   c. Non, ce n'est pas important sténographiquement.
   d. Certainement, et ajoutez à cela un accroissement dans l'industrie.

7. ...
   a. Et de plus, ils semblaient avoir oublié tout ce qu'ils avaient appris.
   b. Non, ils ont pris des glaces et mangé des pizzas.
   c. Il est rentré dans l'arbre à cause de la fatigue qui l'assommait.
   d. Ils ont dû rentrer de vacances plus tôt; ils n'avaient plus d'argent.

8. ...
   a. Il n'y avait pas de répondeur chez toi.
   b. Je ne savais pas quoi te dire.
   c. Je me méfie des coups d'Etat.
   d. Les lettres écrites en réponse ne sont jamais parties.

9. ...
   a. Ils s'arrêtaient toujours au marché.
   b. Ça ne demandait pas une réponse immédiate.
   c. Et d'ailleurs, on s'y intéresse encore maintenant.
   d. C'était une épopée extraordinaire.

10. ...
   a. Ils préfèrent ne pas discuter leurs affaires.
   b. Ils rendent la vie sûrement plus facile pour certains.
   c. Ce n'était pas du tout une chute ordinaire.
   d. Le tilleul est efficace contre l'insomnie.

11. ...
   a. Le système solaire tourne en révolutions précises.
   b. L'air qu'on respire est bien frais, il me semble.
   c. Les professeurs sont toujours trop durs en corrigeant les copies.
   d. Oui, il faut que ça devienne un système de collaboration mutuelle.

12. ...
   a. Les cuisses de grenouille sont bien maigres, il me semble.
   b. J'en reprendrai volontiers; elle est très bonne.
   c. Si elle n'étudie pas, elle sera cuite à l'examen.
   d. Bien sûr, et qu'est-ce que je vous sers à la place?

13. ...
   a. La poste se trouve près des quais.
   b. Le livre est identifié par un code spécial.
   c. Oui, oui; je le mets toujours.
   d. Je suis trop fatigué pour le faire vite.

14. ...
   a. La voisine ne se lève jamais avant dix heures.
   b. Ses poils étaient longs, et il bougeait sans cesse.
   c. Oui, c'est à celle qui habite à côté.
   d. L'épaule était cassée à deux endroits.

15. ... Parce que
   a. tu marches trop lentement.
   b. la campagne est agréable.
   c. elle préfère sa compagne de classe.
   d. je n'accompagne jamais personne.

16. ...
   a. Mais, avec ce soleil. c'est normal!
   b. Par ce temps, cela est excusable!
   c. Je ne peux pas aller plus loin!
   d. Vous devriez prendre quelque chose!

17. ...
   a. Vraiment? Tu ne prends rien?
   b. Alors, c'est fini ce déjeuner?
   c. Tu n'as rien dans le congélateur?
   d. Pourquoi achètes-tu des légumes?

18. ... Elle
   a. va étudier toute la nuit.
   b. n'a rien à faire demain.
   c. a vraiment de la chance.
   d. ne comprend rien à ce discours.

19. ...
   a. Il a eu un pneu crevé.
   b. Tu l'a aidé à nettoyer le garage?
   c. Il a manqué se casser quelque chose!
   d. Tu aurais dû entendre ma mère!

20. ...
   a. J'irais voir un film français.
   b. Je les regarderais dans les yeux.
   c. Je n'en sais vraiment rien.
   d. Je ne connais pas mes grands-parents.

21. ...
   a. Est-ce que tu as tes gants?
   b. Va chez les voisins!
   c. Ne regarde pas dehors!
   d. Qu'est-ce que tu vas acheter?

22. ...
   a. Ça, c'est sûr!
   b. Oui, très bien!
   c. Je n'en pense rien.
   d. J'en suis capable.

23. ... Nous avons
   a. eu très chaud!
   b. tous gelé!
   c. eu des invités!
   d. mangé des beignets!

24. ...
   a. Non, je n'aime pas les vieux
      animaux.
   b. Oh, j'ai tout perdu.
   c. Je l'ai connu aussi?
   d. Quelle tuile!

25. ...
   a. Mais si, elle n'est pas blessée!
   b. Non, je n'y crois plus!
   c. Oui, il s'est coupé le doigt.
   d. En effet, tu as raison.

26. ...
   a. Vous n'avez aucune imagination.
   b. Moi aussi, je vous assure.
   c. Vous croyez que le temps
      s'arrangera?
   d. Moi, je n'ai rien contre lui.

27. ...
   a. C'est bien souvent le cas, en effet.
   b. Les préjugés sont souvent ignorés.
   c. Les préjugés ne font aucun mal.
   d. C'est à cause de cela qu'ils les
      ignorent.

28. ...
   a. Je prends toujours le train.
   b. Tu devrais rester en haut.
   c. Je me sens mal à l'aise aussi.
   d. Tu as besoin de te rafraîchir.

29. ... Il
   a. fait ses études de médecine?
   b. a eu de la chance de s'en sortir.
   c. prend ses études au sérieux!
   d. a gardé sa voiture avec lui.

30. ...
   a. En effet, il peut être très ambigu.
   b. Moi, je voudrais te dire bien des
      choses.
   c. Oui, il ne comprend pas grand'chose.
   d. C'est vrai, elle ne lui a rien dit.

31. ...
   a. Elle s'est trouvée mal.
   b. Je n'ai rien prévu pour ce soir.
   c. Elle ne lui a pas écrit.
   d. Je croyais que tu le savais!

32. ...
   a. Je ne savais pas que tu aimais
      t'asseoir dans le coin.
   b. D'accord, c'est une excellente idée.
   c. Le garçon fait mal son service.
   d. Oui, ce film est excellent.

33. ...
   a. Il ne neige pas chez toi le dimanche.
   b. Tu peux nager tous les jours.
   c. Tu as vraiment de la chance!
   d. Moi, je déteste patiner.

34. ...
   a. Ce n'est pas toujours le cas, malheureusement!
   b. On ne fait pas toujours de bénéfices en vendant des meubles.
   c. Sa voiture est très puissante.
   d. Vous bénéficiez toujours d'acheter des vêtements de qualité.

35. ...
   a. J'adore la cervelle au beurre noir.
   b. Tu aimes creuser des trous?
   c. En effet, son travail est très superficiel.
   d. Oui, je n'aime pas travailler sous pression.

36. ...
   a. Oui, l'accès en est facile en ville.
   b. A la campagne, les gens sont très affables.
   c. C'est ce qui lui donne son charme.
   d. L'isolation est excellente dans cette maison.

37. ... Nous
   a. les préférons avec du miel.
   b. aimons beaucoup les mousses de fruits.
   c. ne mangeons pas beaucoup de légumes.
   d. ne mangeons aucun fruit.

38. ...
   a. Oui, les frais de scolarité sont très différents.
   b. Oui, elles sont toutes deux excellentes.
   c. Non, elle n'a pas de rivales.
   d. Non, il ne faut pas rivaliser avec lui.

39. ...
   a. Cela m'est très difficile d'être mince.
   b. Je n'aime pas les femmes maquillées.
   c. Pourtant elle mange du matin au soir!
   d. Les mannequins sont-ils démontables?

40. ... Elle
   a. aime beaucoup jouer au tennis, en effet.
   b. croit m'avoir fait une surprise.
   c. a beaucoup de parti pris.
   d. nous a invités à la dernière minute.

41. ... Il
   a. a les ongles vraiment trop longs.
   b. vient de Dijon, en effet.
   c. déteste la province.
   d. me baise toujours la main.

42. ...
   a. Je sais que tu aimes les romans policiers.
   b. Tu ne m'as jamais rien prêté, tu sais.
   c. Je me plais beaucoup à la bibliothèque.
   d. Tu devrais plaire à ses parents.

43. ...

   a. Il n'a jamais battu personne.

   b. Il a subi beaucoup d'échecs.

   c. C'est un jeu auquel il excelle.

   d. Il a perdu son chèque.

44. ...

   a. Je ne suis pas très consistent.

   b. A ne pas être sous pression.

   b. Je ne peux pas le reconstituer.

   d. Non, je n'aime pas les pâtes.

45. ...

   a. Elle est toujours tordante.

   b. Les vins se trouvent à la cave.

   c. Non, elle ne vit pas dans une cave.

   d. Oui, elle en a beaucoup souffert.

Passages Oraux

Rappel à L'Etudiant!

Dans cette partie de «A L'Ecoute!», vous écouterez les passages enregistrés sur cassette, et ensuite vous répondrez aux questions posées sur le sens du passage. Ces passages sont tirés de journaux, de livres, d'anthologies de poèmes, ou sont tout simplement des conversations. Les questions auxquelles vous répondrez sont enregistrées sur cassette après chaque passage. Vous essayerez de choisir la réponse correcte parmi les possibilités que vous avez imprimées dans votre manuel.

Votre professeur vous aidera d'abord à comprendre les passages et ensuite les questions. Eventuellement, il faudra vous entraîner à lire les quatre réponses suggérées et à sélectionner la bonne réponse en 12 secondes.

Ecoutez attentivement les passages qui seront lus à haute voix. Ensuite, vous répondrez aux questions qui seront posées. Choisissez la meilleure réponse parmi celles qui sont imprimées dans votre manuel.

I.

1. ...
   a. Dans Paris.
   b. En Egypte.
   c. Chez un ami.
   d. Dans une barraque.

2. ... Que
   a. la famille soit pauvre.
   b. le Colonel accepte d'être mal logé.
   c. le Colonel ait été en Egypte.
   d. les gamins ne sachent pas lire.

3. ... Il est
   a. loyal.
   b. ingrat.
   c. indifférent.
   d. matérialiste.

4. ... Ils
   a. lui ont donné de l'argent.
   b. ont partagé leur dessert.
   c. lui ont donné à manger.
   d. lui ont appris à lire.

5. ... Il
   a. apprend à lire aux enfants.
   b. fait la cuisine.
   c. les recueillit.
   d. leur sert de l'eau.

II.

1. ... Elles
   a. ont bloqué la participation des journalistes.
   b. ne l'ont pas trouvé vraisemblable.
   c. ont accepté son point de vue.
   d. l'ont beaucoup applaudi.

2. ...
   a. Blasé et cynique.
   b. Hostile et aggressif.
   c. Ouvert et naïf.
   d. Grossier et brutal.

3. ...
   a. Il joue le rôle d'un enfant.
   b. Son personnage est jeune et dans le vent.
   c. Il révèle une innocence émouvante.
   d. Il joue le rôle d'un garagiste.

4. ...
   a. De rapports très différents entre trois personnes.
   b. Du blocage des journalistes et des femmes.
   c. De vieux, assis sur une terrasse.
   d. D'un enfant sauvage qui est sourd-muet.

III.

1. ... A cause
   a. du plaisir que donnent ses chansons.
   b. de ses dettes incontrôlables.
   c. de son appétit démesuré.
   d. de son manque d'humilité.

2. ... Parce qu'elle
   a. est plus que généreuse.
   b. n'est pas prévoyante.
   c. se moque de la fourmi.
   d. ne veut pas danser.

3. ...
   a. En été.
   b. Au printemps.
   c. En automne.
   d. En hiver.

4. ... De
   a. danser tout l'été.
   b. payer ses dettes.
   c. chanter toutes les nuits.
   d. crier au secours.

5. ... Qu'il faut
   a. travailler dur pour ne manquer de rien.
   b. jouir de la vie tout en étant prévoyant.
   c. s'amuser sans se soucier de l'avenir.
   d. profiter au maximum du beau temps.

IV.

1. ... Ils
   a. sont conscients de leur destin.
   b. croient savoir où ils vont.
   c. se plaignent à grands cris.
   d. ont des idées différentes sur leur sort.

2. ... Que le cochon
   a. soit plus bruyant.
   b. se taise enfin.
   c. apprenne à s'étourdir.
   d. sache son affaire.

3. ...
   a. Qu'ils allaient à la ville pour les débarasser.
   b. Que les faits divers ne les intéressaient pas.
   c. Qu'on ne les emmenait pas à la foire pour leur plaisir.
   d. Que le voiturier, lui, voulait se divertir.

4. ... Il
   a. étonne les autres animaux.
   b. évite la mort.
   c. est déchargé.
   d. devient plus optimiste.

5. ... Qu'il
   a. vaut mieux ne pas connaître son sort.
   b. sert de crier à tue tête.
   c. ne faut jamais s'affoler.
   d. faut être muet comme le mouton.

V.

1. ...
   a. De faire ce qu'elle fait elle-même.
   b. De marcher tout droit.
   c. D'être beaucoup plus sage qu'elle.
   d. D'avoir trop mangé.

2. ... Parce qu'elle
   a. veut plaire à Dieu.
   b. ne comprend rien aux rébus.
   c. trouve sa mère illogique.
   d. aime marcher à reculons.

3. ...
   a. Que la vertu est très domestiquée.
   b. Que les enfants imitent surtout leurs parents.
   c. Que la sagesse et la sottise sont sœurs.
   d. Qu'il ne faut pas être dodu.

VI.

1. ...
   a. Un homme et sa femme.
   b. Un individu et son médecin.
   c. Un médecin et une infirmière.
   d. Un pharmacien et un docteur.

2. ... Depuis
   a. quelques minutes.
   b. longtemps.
   c. une semaine.
   d. l'année passée.

3. ... Il
   a. prend les médicaments indiqués.
   b. ne prend aucun remède.
   c. accepte sa condition.
   d. prend beaucoup trop de choses.

4. ... Il
   a. envoie M. Durand à l'hôpital.
   b. ordonne de nouveaux médicaments.
   c. envoie M. Durand chez le pharmacien.
   d. console la femme de son client.

5. ... Il
   a. n'est pas volontaire.
   b. est très antagoniste.
   c. avoue ses habitudes diététiques.
   d. n'accepte pas le diagnostic.

6. ... Par
   a. des mets avariés.
   b. des vitamines.
   c. de la belladonne.
   d. une piqûre d'insecte.

7. ... Il
   a. n'est pas content.
   b. n'a rien à dire.
   c. renvoie son malade.
   d. va à l'hôpital.

VII.

1. ...
   a. En Italie.
   b. En Allemagne.
   c. En Hollande.
   d. Aux Etats-Unis.

2. ...
   a. D'un jeune Anglais.
   b. D'un jeune Hollandais.
   c. D'une jeune Hollandaise.
   d. D'un jeune Allemand.

3. ... Parce qu'ils
   a. sont linguistes.
   b. sont entourés d'autres pays.
   c. sont très logiques.
   d. n'aiment pas rester chez eux.

4. ...
   a. Oui, un motel très sympathique.
   b. Non, elles sont parties le même jour.
   c. Oui, elles ont logé dans une pension.
   d. Non, elles sont allées chez leur nouvelle amie.

5. ...
   a. Aux Etats-Unis.
   b. En Europe.
   c. Aux Indes.
   d. En France.

VIII.

1. ... Il
   a. veut partir en vacances.
   b. veut acheter un cadeau.
   c. préfère le rose.
   d. veut devenir vendeur.

2. ... Au rayon
   a. des chemisiers.
   b. de la parfumerie.
   c. des robes habillées.
   d. des femmes fortes.

3. ...
   a. Le chef de rayon.
   b. La femme de ménage.
   c. Une bonne vendeuse.
   d. La réceptioniste du magasin.

4. ...
   a. Plus petite et moins mince.
   b. Moins grande et plus maigre.
   c. Plus petite et très grosse.
   d. Plus grande et assez forte.

5. ...
   a. En espèces.
   b. Avec une carte de crédit.
   c. Par chèque.
   d. Avec son propre argent.

6. ... Parce qu'
   a. il plaira à sa mère.
   b. elle est blanche.
   c. ils font des paquets-cadeaux.
   d. il aime la vendeuse.

IX.

1. ...
   a. Deux amis.
   b. Trois enfants.
   c. Plusieurs amies.
   d. Deux jeunes filles.

2. ... Qu'elle
   a. aime un jeune homme.
   b. a eu un accident en conduisant.
   c. a endommagé la voiture.
   d. ne conduit jamais avec sa mère.

3. ...
   a. La grand-mère.
   b. Le jeune homme.
   c. Un vieil homme.
   d. Une jeune fille.

4. ... Elle est
   a. gracieuse.
   b. sceptique.
   c. hostile.
   d. grossière.

X.

1. ...
   a. De faire une promenade en ville.
   b. D'aller au jardin zoologique.
   c. De partir d'Afrique.
   d. D'aller en Amérique du Sud.

2. ...
   a. Trois enfants.
   b. Deux singes.
   c. Un garçon et une fille.
   d. Deux petits garçons.

3. ... Les
   a. crocodiles.
   b. gazelles.
   c. grenouilles.
   d. ours.

4. ... En
   a. Afrique et en Asie.
   b. Australie et en Nouvelle Zélande.
   c. Amérique du Sud.
   d. Océanie.

5. ...
   a. De l'italien.
   b. Du grec.
   c. De l'arabe.
   d. Du russe.

6. ... Ils veulent
   a. voir les tigres.
   b. revenir en arrière.
   c. marcher plus vite.
   d. prendre quelque chose.

XI.

1. ...
   a. En Italie et en Espagne.
   b. En France et en Angleterre.
   c. Dans le val de Loire.
   d. En Europe pendant la Renaissance.

2. ...
   a. François Ier.
   b. Des chasseurs.
   c. Des dames déguisées.
   d. Le plus vaste des châteaux.

3. ...
   a. Le toit en terrasse.
   b. Les jardins à la française.
   c. Les sculptures de Léonard de Vinci.
   d. La forêt pleine de gibier.

4. ... Elles
   a. prenaient leurs repas.
   b. faisaient de la broderie.
   c. promenaient leurs chiens.
   d. observaient les chasseurs.

5. ... Du
   a. XIXe siècle.
   b. Moyen Age.
   c. XVIe siècle.
   d. Siècle des Lumières.

XII.

1. ...
   a. La noirceur de ses bâtiments.
   b. Le gris de la Méditerranée.
   c. Le blanc des maisons et le bleu de la mer.
   d. Le ciel couvert de nuages.

2. ...
   a. En hiver.
   b. Au début de l'été.
   c. Au printemps.
   d. En fin de saison.

3. ...
    a. Le musée du Caire.
    b. Les ruines romaines.
    c. Les grands magasins.
    d. La ville de Kairouan.

4. ... Ils sont
    a. indifférents et impolis.
    b. avides d'ordre et de justice.
    c. imitateurs et casaniers.
    d. tournés vers le passé.

5. ... Parce qu'
    a. il y avait un petit vent marin.
    b. ils ont porté leurs vestes.
    c. il a plu tous les jours.
    d. ils sont restés à l'intérieur.

XIII.

1. ...
    a. Deux femmes.
    b. Deux hommes.
    c. Un homme et une femme.
    d. Un homme et sa fille.

2. ...
    a. Parce qu'il est malade.
    b. Parce que sa femme est malade.
    c. Parce qu'il est pressé.
    d. Parce qu'il aime faire des courses.

3. ...
    a. Parce que leurs amis vont venir dîner ce soir.
    b. Parce qu'ils sont invités chez des amis.
    c. Parce que ce soir, ils veulent acheter de la nourriture.
    d. Parce qu'après le dîner, le mari sort avec des amis.

4. ...
    a. Des saucisses et du lait.
    b. Du pain et des framboises.
    c. Du sucre et du café.
    d. Des huîtres et des asperges.

5. ... Elle
    a. est très surprise.
    b. est ravie.
    c. a un grand sourire.
    d. lui fait des compliments.

6. ...
    a. Le mari et la femme.
    b. La femme seule.
    c. La femme et son amie.
    d. Le mari et son ami.

XIV.

1. ...
    a. A la maison.
    b. Dans une voiture.
    c. Devant un terrain de jeu.
    d. Dans le train.

2. ...
    a. A la pétanque.
    b. Au football.
    c. Au basket.
    d. Au rugby.

3. ...
    a. La boxe.
    b. Les boules.
    c. Le tennis.
    d. Le basket.

4. ...
    a. Onze.
    b. Dix.
    c. Treize.
    d. Vingt-deux.

5. ...
    a. La main.
    b. Le dos.
    c. L'épaule.
    d. Le pied.

XV.
1. ...
    a. Il fera très chaud.
    b. Il y aura du vent.
    c. Le ciel sera bleu.
    d. Il y aura des nuages.

2. ...
    a. Il y aura du soleil.
    b. Nuages et soleil.
    c. Le temps sera clair.
    d. Pluie et vent.

3. ...
    a. Dans l'ouest.
    b. A l'est.
    c. Dans le midi.
    d. A Paris.

4. ...
    a. Dans l'est.
    b. En Bretagne.
    c. Près de Paris.
    d. Dans le sud-ouest.

XVI.
1. ... Des
    a. petits oiseaux.
    b. commerçants.
    c. lions.
    d. guerriers.

2. ...
    a. Des armes.
    b. Des bêtes féroces.
    c. Des chiens.
    d. De petits animaux.

3. ... Par
    a. son équipement.
    b. son accent.
    c. son œil rouge.
    d. son camarade.

4. ... Pour
    a. continuer à chasser.
    b. manger des bécasses.
    c. rentrer chez lui.
    d. parler à ses camarades.

XVII.

1. ... Les
   a. vacances.
   b. matchs.
   c. films.
   d. cours.

2. ... Entre
   a. deux amis.
   b. deux jeunes hommes.
   c. deux professeurs.
   d. un élève et un prof.

3. ...
   a. Oui, c'est son fort.
   b. Non, elle ne les aime pas.
   c. Non, mais elle les adore.
   d. Oui, car elle a Monsieur Arthaud.

4. ...
   a. Non, il suit des cours de sciences.
   b. Oui, de littérature française.
   c. Oui, de littérature allemande.
   d. Non, de philosophie seulement.

5. ... Elle va suivre des cours de
   a. gymnastique.
   b. théâtre.
   c. musique.
   d. cuisine.

6. ...
   a. Non, ils n'ont aucun intérêt
      commun.
   b. Oui, le mercredi dans la journée.
   c. Oui, tous les jeudis soirs.
   d. Non, ils ne veulent pas se voir.

XVIII.

1. ...
   a. Un voyage à l'étranger.
   b. Une exploration de sa propre
      chambre.
   c. Une randonnée en voiture.
   d. Un voyage autour du monde.

2. ... Il voulait
   a. aider les gens qui s'ennuient.
   b. soigner les malades.
   c. s'éloigner des affaires publiques
   d. faire son chemin.

3. ... Une
   a. protection contre les autres.
   b. indépendance assez relative.
   c. fortune assurée.
   d. inquiétude bien connue.

4. ... Des sentiments
   a. de révolte.
   b. passionnés.
   c. de haine.
   d. intimes.

5. ...
   a. Trois mois.
   b. Trois semaines.
   c. Six semaines.
   d. Huit jours.

XIX.

1. ...
   a. D'un jeune garçon.
   b. D'un petit oiseau.
   c. D'un chanteur.
   d. D'une jeune fille.

2. ...
   a. Une fleur.
   b. Un chien.
   c. Une étoile.
   d. Un mouchoir.

3. ...
   a. Lente.
   b. Inégale.
   c. Vive.
   d. Maladroite.

4. ... Un sentiment
   a. de bonheur.
   b. de désespoir.
   c. d'optimisme.
   d. de confiance.

5. ...
   a. Tout espoir.
   b. Son honneur.
   c. Sa mère.
   d. Ses lunettes.

XX.

1. ... Elle a
   a. acheté des porte-avions.
   b. vendu des avions en France.
   c. réglementé le traffic aérien.
   d. acquis deux autres compagnies.

2. ...
   a. Une filiale d'UTA.
   b. Un bouquet de fleurs.
   c. Un billet de charter.
   d. Une compagnie internationale.

3. ... Il
   a. n'est pas très content.
   b. est anxieux.
   c. en est très heureux.
   d. a peur des conséquences.

4. ... Il
   a. va aider le prestige de la France.
   b. va empêcher l'union du marché européen.
   c. unira les deux époux.
   d. gâtera le jeu des participants.

XXI.

1. ...
   a. Un navire de vacances.
   b. Un village sur pilotis.
   c. Une unité en Scandinavie.
   d. Une piscine d'Etat.

2. ... Parce que
   a. le village est sur l'eau.
   b. elle a coûté beaucoup d'argent.
   c. c'est un paquebot à voiles.
   d. le président l'a subventionné.

3. ...
   a. 1 billion.
   b. 100 millions.
   c. 300 millions.
   d. 3 billions.

4. ...
   a. François Mitterrand.
   b. Giscard d'Estaing.
   c. Thierry de Beaucé.
   d. Gilbert Trigano.

5. ...
   a. Se promener en voiture.
   b. Faire du ski nautique.
   c. Faire un voyage en bateau.
   d. Faire beaucoup de croisements.

XXII.

1. ... Entre
   a. un père et son fils.
   b. un père et sa fille.
   c. une mère et son fils.
   d. deux voisins.

2. ... Il
   a. transportera des marchandises.
   b. va dormir tranquillement.
   c. ira voir des copains.
   d. ira à l'église.

3. ... Il
   a. lit un livre.
   b. regarde la lune.
   c. mange avec appétit.
   d. rase sa moustache.

4. ...
   a. Blasée.
   b. Hostile.
   c. Condescendante.
   d. Rassurante.

5. ... Pour
   a. aider sa mère.
   b. aller à la messe.
   c. travailler au jardin.
   d. se coucher.

XXIII.

1. ... Une relation
   a. harmonieuse.
   b. difficile.
   c. idéale.
   d. amicale.

2. ... De
   a. prendre un verre.
   b. danser avec lui.
   c. sortir avec sa mère.
   d. faire une promenade en voiture.

3. ...
   a. Du mariage de leurs enfants.
   b. De secrets de famille.
   c. De secrets devinés.
   d. De prévenir la police.

4. ...
   a. Sortir dans le jardin.
   b. Se marier avec le jeune homme.
   c. Chanter avec le jeune homme.
   d. Raconter ses secrets.

5. ...
   a. Une certaine formalité.
   b. Un style familier.
   c. Une certaine décontraction.
   d. Une sorte de simplicité.

XXIV.

1. ...
   a. 18%
   b. 50%
   c. 10%
   d. 24%

2. ... Des
   a. gens bizarres.
   b. discophiles.
   c. «oiseaux rares».
   d. braves gens.

3. ... Dans
   a. le salon.
   b. la baignoire.
   c. leur voiture.
   d. leur lit.

4. ... Ils préfèrent les livres
   a. d'histoire et les romans.
   b. philosophiques.
   c. de poésie.
   d. en traduction.

5. ... Elles sont
   a. différentes chaque année.
   b. de plus de dix ans.
   c. très anciennes.
   d. constantes depuis un moment.

XXV.

1. ...
   a. A un jeune homme.
   b. A une jeune fille.
   c. Au père du jeune homme.
   d. A la sœur du jeune homme.

2. ...
   a. Aux Etats-Unis.
   b. En Italie.
   c. A Paris.
   d. Sur la Côte d'Azur.

3. ... Il y en a
   a. six.
   b. cinq.
   c. trois.
   d. sept.

4. ... Dans
   a. un lac.
   b. la baignoire.
   c. un ruisseau.
   d. la piscine.

5. ... Il
   a. a beaucoup de temps libre.
   b. n'a pas le temps d'écrire.
   c. prend le temps de se reposer.
   d. perd son temps à dormir.

IV. A Vous la Parole!

Réponses Orales

Rappel à l'Etudiant!

Toute cette partie est réservée à la **pratique orale**, avec l'aide de la cassette appropriée. Vos réponses doivent être **enregistrées** sur votre propre cassette. **Prenez votre temps** et **répondez clairement,** en prononçant chaque mot distinctement; essayez d'utiliser un **vocabulaire riche** et **varié.** Au début, préparez chaque réponse en faisant une liste de vocabulaire à l'avance, ce qui vous aidera à enrichir votre vocabulaire et à améliorer progressivement la qualité de vos réponses. Eventuellement vous devez arriver à pouvoir donner une réponse en 15 secondes, sans l'aide de mots écrits. N'oubliez pas: c'est **la qualité** du français qui compte et non la quantité.

Ecoutez attentivement les questions suivantes et répondez en montrant que vous avez compris la question. Attendez la tonalité avant de répondre.

Bandes Dessinées

Rappel à 1' Etudiant!

Dans cette deuxième section d'entraînement oral, on vous demande de répondre aux questions qui suivent une série de dessins. Parfois on vous demandera de raconter l'histoire suggérée par les images, parfois d'examiner un des thèmes suggérés par les dessins, parfois de donner votre opinion personnelle. Les questions sont imprimées après chaque bande dessinée, et le temps maximum dans lequel vous devez y répondre est indiqué entre parenthèses (60 ou 30 secondes). Ces mêmes questions sont enregistrées sur la cassette appropriée.

Pour vous entraîner à ce genre d'exercices, examinez d'abord chaque image attentivement, puis décidez ce que suggère la séquence de chaque bande dessinée. Vous pouvez noter quelques mots de vocabulaire en pensant à l'histoire. Utilisez un vocabulaire aussi riche et aussi varié que possible; variez aussi les temps des verbes et soyez sûr que les formes verbales sont correctes. Enrichissez vos réponses à l'aide d'adjectifs bien accordés, d'adverbes, d'expressions idiomatiques, etc. Prenez votre temps et essayez de penser à ce que vous allez dire en français plutôt que d'élaborer vos réponses en anglais d'abord et de les traduire en français ensuite. Entraînez-vous avec un magnétophone sans vous tracasser du temps requis pour chaque réponse; parlez simplement, sans vous presser. Petit à petit, essayez de limiter vos réponses au temps requis. Vos réponses doivent donc être brèves mais précises, et doivent répondre exactement à la question posée.

Regardez chaque série d'images pendant une minute; ensuite, répondez à chaque question posée dans un français correct et bien prononcé. Limitez vos réponses au temps indiqué (60 ou 30 secondes).

I. Dans le Métro

- se diriger vers
  (la métro)

- être chargé

1.

2.

3.

4.

5.

6.

1. Racontez ce qui se passe dans cette série d'images. (60 secondes)

2. Que feriez-vous à la place du touriste? (30 secondes)

3. D'après vous, quelles seraient les pensées du chien dans la dernière image? (30 secondes)

1.

2.

3.

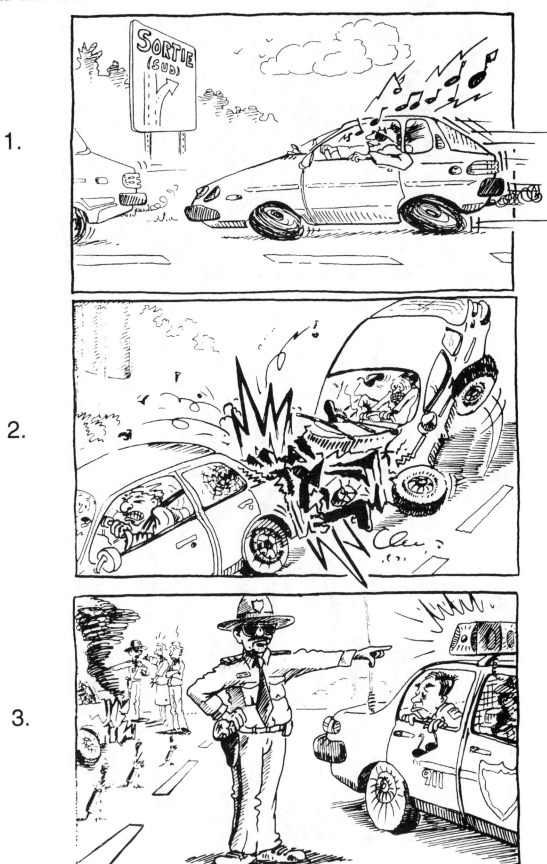

4.

5.

6.

1. Racontez ce qui se passe dans cette série d'images. (30 secondes)

2. Décrivez l'attitude typique des jeunes au volant. (60 secondes)

3. Quelle est l'ironie évidente dans la dernière image? (30 secondes)

III. Rendez-vous préarrangé

1.

2.

3.

4.

5.

1. Dans cette séquence, que se passe-t-il exactement? (60 secondes)

2. Quelles doivent être les pensées du jeune homme qui attend au rendez-vous? (30 secondes)

3. A votre avis, que représentent le point d'interrogation et le point d'exclamation? (30 secondes)

IV. Départ en voyage

1.

2.

3.

4.

5.

1. Quelles sont les pensées de la jeune femme en faisant sa valise? (30 secondes)

2. Dans la deuxième image, à qui téléphone-t-elle et que dit-elle? (30 secondes)

3. Que feriez-vous dans de telles circonstances? (60 secondes)

V. Scène de dortoir

4.

5.

1. Quels seront vos sentiments en arrivant à l'université de votre choix? (60 secondes)

2. A votre avis, la quatrième image représente-t-elle une scène typique d'arrivée dans un dortoir? (30 secondes)

3. Qu'y a-t-il derrière la porte dans la quatrième image? (30 secondes)

VI. Histoire sans fin

1.

2.

3.

4.

5.

6.

1. **Que se passe-t-il** dans cette série de dessins? (60 secondes)

2. **Dans la cinquième image,** que pourrait dire la jeune femme à l'employé plutôt blasé? (30 secondes)

3. **Imaginez** une fin logique à cette histoire. (30 secondes)

1.

2.

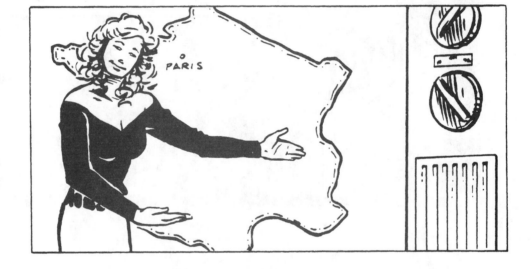

3.

4.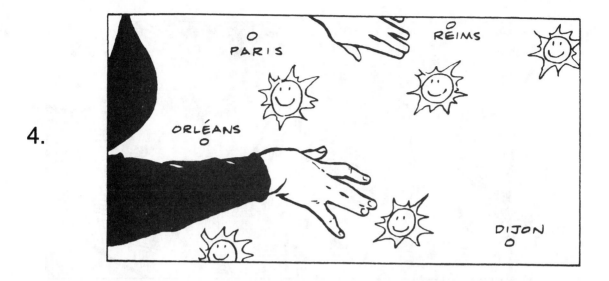

5.

1. A votre avis, peut-on souvent se fier aux prédictions météorologiques? Pourquoi, ou pourquoi pas? (60 secondes)

2. Comment les sentiments du monsieur changent-ils au cours de cette série d'images? (60 secondes)

3. Quel temps préférez-vous, et pourquoi? (30 secondes)

VIII. On cherche du travail

1.

2.

3.

4.

5.

1. A quoi rêve la personne qui cherche du travail? (60 secondes)

2. Commentez l'humour exprimé par le contraste entre la première et la dernière image. (30 secondes)

3. Racontez une entrevue vécue lorsque vous cherchiez du travail. (30 secondes)

1.

2.

3.

4.

5.

1. Que dit l'hôtesse de l'air aux passengers qui montent dans l'avion? (30 secondes)

2. Dans la deuxième image, quelle semble être l'attitude des jeunes passagers? (30 secondes)

3. Quelle est la tragédie aérienne possible vue par trois des passagers dans la dernière image? (60 secondes)

1.

2.

3.

4.

5.

6.

1. Racontez ce qui s'est passé lors de l'absence des parents. (60 secondes)

2. Quelle est la "surprise" suggérée par la troisième image? (30 secondes)

3. Quelles sont les pensées du père et de la mère indiquées par la dernière image? (30 secondes)

4. Si vous étiez seul(e) pour un week-end, cela vous arriverait-il? (30 secondes)

XI. Une classe de AP

1.

2.

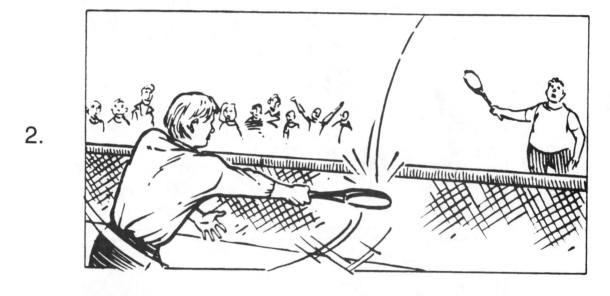

3.

4. **5.**

1. Le professeur devant son bureau est-il typique des professeurs à votre école? Notez les différences ou les similarités. (30 secondes)

2. Que se passe-t-il dans la troisième image? (30 secondes)

3. Imaginez la réaction des étudiants suggérée par les deux dernières images. (60 secondes)

XII. Préparations du matin

1.

2.

3.

4.

5.

6.

1. Que fait la jeune fille qui se réveille et quelles en sont les conséquences? (60 secondes)

2. Quelles sont vos habitudes matinales? (30 secondes)

3. Que feriez-vous si vous manquiez l'autobus scolaire un matin? (30 secondes)

1.

2.

3.

4.

5.

6.

1. Comment réagiriez vous si vous receviez de mauvaises nouvelles par le courrier? (60 secondes)

2. Pourquoi est-il difficile quelquefois de répondre à des lettres décevantes? (30 secondes)

3. Quelle serait votre réaction si une jeune personne se présentait chez vous lors d'une déception pareille? (30 secondes)

1.

2.

3.

4.

5.

6.

1. Quelles sont les différences marquées entre la pièce de la première image et celle de la dernière? Quelle ironie est soulignée? (60 secondes)

2. Imaginez ce que la mère dit à sa fille dans la deuxième image. (30 secondes)

3. Décrivez un travail typique entrepris par les jeunes après l'école. (30 secondes)

1.

2.

3.

1. Qu'est-ce qui motive le jeune homme à changer de classe dans cette histoire? (60 secondes)

2. Avez-vous jamais changé votre emploi du temps pour une raison semblable? (30 secondes)

3. Est-ce que de telles choses se passent souvent à votre école? Pourquoi, ou pourquoi pas? (30 secondes)

XVI. Dîner à la bonne franquette

1.

2.

3.

4.

5.

6.

7.

8.

1. **Expliquez** la malheureuse situation qui se présente. (60 secondes)

2. **Expliquez** pourquoi, ou pourquoi pas, vous aimez faire la cuisine au feu de bois. (30 secondes)

3. **Comment** réagiriez-vous à une telle situation? (30 secondes)

1.

2.

3

1. Dans cette série d'images, qui semble avoir le plus besoin d'être soigné? Donnez les raisons de votre choix. (60 secondes)
2. Pensez-vous qu'il soit bon d'avoir des docteurs de service pendant de longues heures? (30 secondes)
3. Dans la dernière image, quelle semble être l'attitude de la supposée malade? (30 secondes)

XVIII. Une maladie bizarre

1.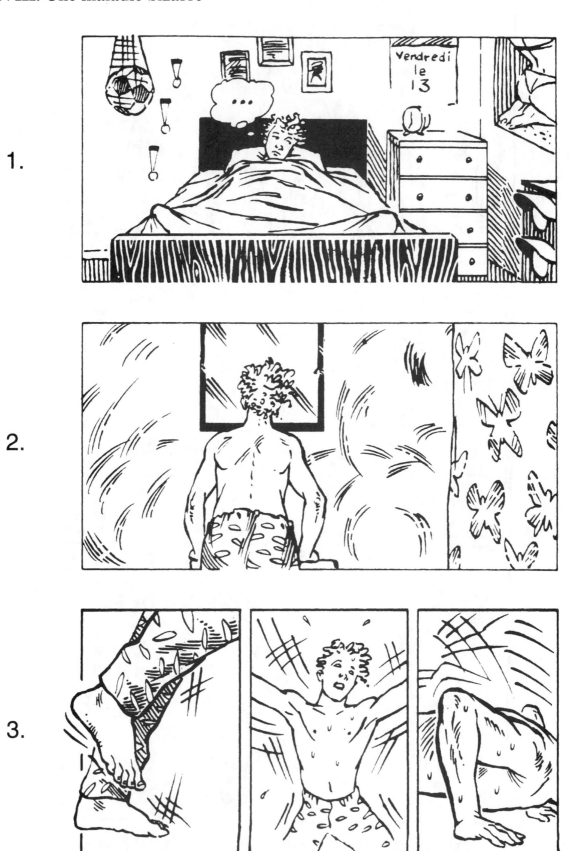

2.

3.

4.

5.

6.

1. **Parlez** du côté comique de cette série d'images. (60 secondes)

2. **Quelle réaction** le jeune garçon veut-il provoquer chez sa mère et y réussit-il? (30 secondes)

3. **Parlez** d'une occasion où vous avez essayé vous-même de duper vos parents. (30 secondes)

1.

2.

3.

4.

5.

6.

1. **Racontez** un épisode créé par un petit frère, ou une petite soeur, qui a causé un désastre dans **votre vie estudiantine.** (60 secondes)
2. **Imaginez** ce que dit le jeune homme à son petit frère, d'après la dernière image. (30 secondes)
3. **Buvez-vous** souvent quelquechose quand vous faites vos devoirs le soir? Quoi, et pourquoi? (30 secondes)

1.

2.

3.

4.

5.

6.

1. Comment caractériseriez-vous le garçon qui cherche à faire ses devoirs? Qu'est-ce qui le gêne? (60 secondes)

2. Où se réfugie-t-il et quel en est le résultat? (30 secondes)

3. Quelles sont vos habitudes personnelles de travail? (30 secondes)

XXI. Colonie de vacances

1.

2.

3.

4.

5.

6.

1. Racontez l'histoire en indiquant le tour joué. (30 secondes)

2. Avez-vous jamais joué un tour pareil à un surveillant? Quelle a été sa réaction? (30 secondes)

3. D'après vous, pourquoi les jeunes prennent-ils tant de plaisir à tourmenter les surveillants? (60 secondes)

XII. Dans un restaurant

1.

2.

3.

4.

5.

6.

1. Racontez ce qui se passe dans cette série d'images. (60 secondes)

2. Décrivez les contrastes entre la deuxième et la sixième image. (30 secondes)

3. Arrive-t-il souvent que des réactions extrèmes soient provoquées par ce qui semble être un danger imminent? (30 secondes)

XXIII. Expérience explosive

1.

2.

3.

4.

5.

6.

7.

1. De quoi s'agit-il dans cette série d'images? (60 secondes)

2. Votre lycée a-t-il jamais été fermé pour cause de désastre? Décrivez les circonstances, imaginées ou vraies. (30 secondes)

3. Quelles doivent être les pensées des étudiants qui ne trouvent que des vidéos éducatives? (30 secondes)

XXIV. Une boum

1.

2.

3.

4.

5.

6.

1. Quelle sorte de soirée la jeune fille passe-t-elle? (30 secondes)

2. Qui vient chercher la jeune fille et que se passe-t-il? (60 secondes)

3. Quelle est l'attitude de la jeune fille dans la dernière image? Essayez d'imaginer ce qu'elle pense. (30 secondes)

XXV. Comment garder des enfants

1.

2.

3.

1. Racontez ce qui se passe dans cette série d'images. (60 secondes)
2. Que fait le chat pendant que le "sitter" parle au téléphone? (30 secondes)
3. Quelle est la réaction des parents lorsqu'ils arrivent dans la cuisine? Elaborez. (30 secondes)
4. Comment peut-on se protéger contre de tels incidents quand on engage quelqu'un pour s'occuper d'enfants? (60 secondes)

XXVI. La pub

1.

2.

3.

4.

5.

6.

7.

1. Que fait le jeune homme pour faire plaisir à la jeune fille? (30 secondes)

2. Imaginez ce que le jeune homme dit à la jeune fille dans la dernière image. (30 secondes)

3. Etes-vous souvent influencé(e) par la publicité à la télé? De quelle manière? (60 secondes)

4. Quel est le pouvoir de la télévision dans notre société? (60 secondes)

1.

2.

3.

4.

5.

6.

1. **Montrez** le changement d'attitude du jeune garçon entre la première et la dernière image, et **expliquez** ce qui a causé ce changement. (60 secondes).

2. **Racontez** une blague que vous avez faite à un ou une camarade. (30 secondes)

3. **En général**, quelle est l'attitude que les gens apprécient le plus? (30 secondes)

173

XXVIII. La loterie

1.

2.

3.

4.

4.

5.

6.

7.

1. **Racontez** ce qui se passe dans cette série d'images. (60 secondes)

2. **Avez-vous** jamais gagné quelquechose? Elaborez. (30 secondes)

3. **Que** pensez-vous de l'institution de la loterie, et que feriez-vous si vous y gagniez? (30 secondes)

XXIX. Comment faire disparaître ses légumes!

1.

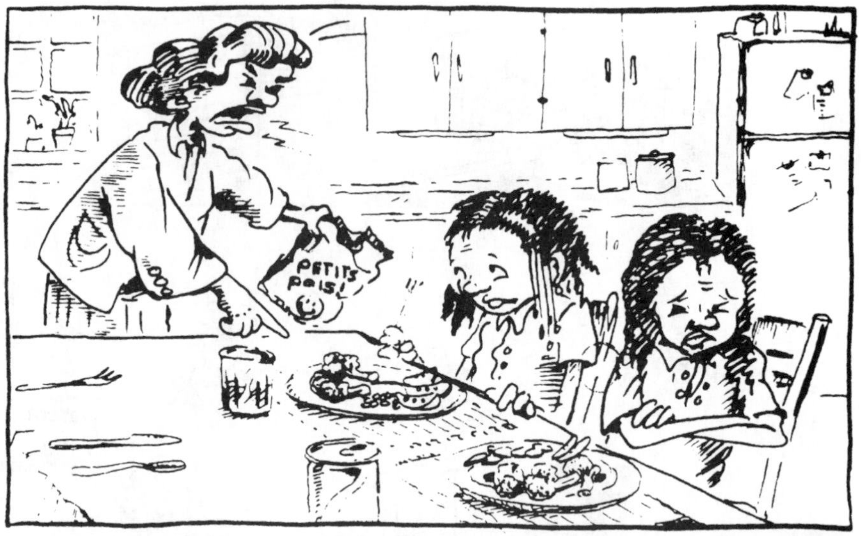

2.

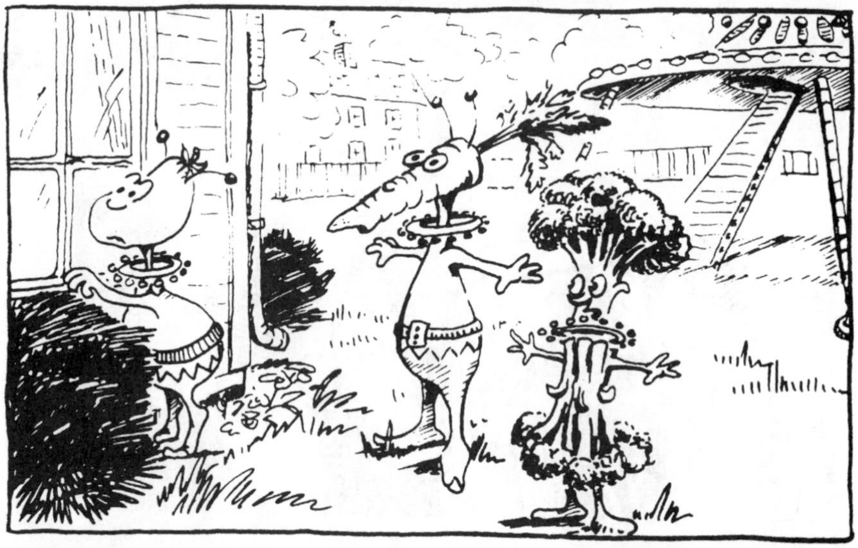

3.

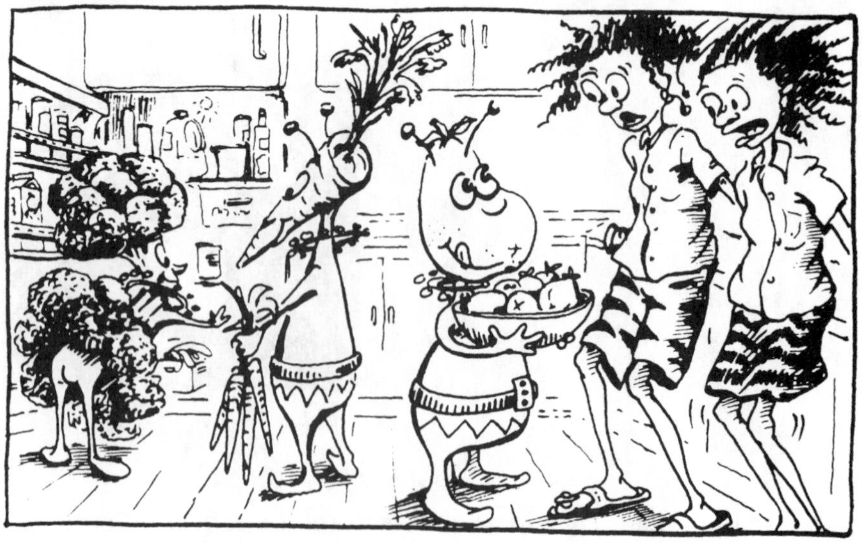

4.

5.

6.

1. Comment les deux soeurs ont-elles fait disparaître leurs légumes? Racontez en détail.
   (60 secondes)

2. Cette histoire est-elle vraisemblable? Expliquez pourquoi, oui ou non. (30 secondes)

3. Parlez de l'importance de l'imagination chez les jeunes. (30 secondes)

1.

2.

3.

4.

5.

6.

1. Parlez des changements de scène entre le début et la fin de l'histoire. (30 secondes)

2. Qu'est-il advenu du grille pain? (30 secondes)

3. Que pensez-vous de cette réaction à une situation assez inattendue? (30 secondes)

1.

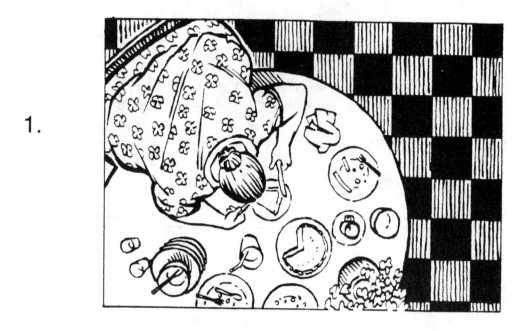

2.

3.

4.

5.

6.

7.

8.

9.

1. Expliquez comment la grosse dame de la première page arrive à celle de la septième image. (60 secondes)

2. Avez-vous, ou quelqu'un que vous connaissez, jamais perdu du poids en suivant un régime? Expliquez. (30 secondes)

3. A votre avis, qu'est-ce que la dame va décider de faire d'après les deux dernières images? (30 secondes)

Lexique

Dictionnaire bilingue abrégé Français-Anglais

Clé des abréviations: (n.m.) nom masculin; (n.f.) nom féminin; (n.p.) nom propre; (pr.) pronom; (adj.) adjectif; (v.) verbe; (adv.) adverbe; (prép.) préposition; (conj.) conjonction; (ex.) expression idiomatique

a

à bon droit (ex.) justifiably, rightfully so

à cet égard (ex.) in that respect, in that account

à deux pas de (ex.) very close by

à la merci de (ex.) at the mercy of

à la mode (ex.) in fashion

à la queue leu leu (ex.) lined up, one after the other

à tue-tête (ex.) at the top of one's lungs, very loudly

abîmer (v.) to damage (something)

abonder (v.) to abound

abri (n.m.) shelter

accord (n.m.) agreement

accroissement (n.m.) increase

accros (adj.) pour "accrochés" hooked

accueil (n.m.) welcome

accueillant (adj.) welcoming

acompte (n.m.) installment, deposit

actuel (adj.) current

advenir (v.) to happen to ; "advienne que pourra" : come what may

affadissement (n.m.) loss of flavor

affaire (n.f.) business

affamé (adj.) famished

afin de (prép.) so that

agir de, s' (v.) to be about (something)

agroalimentaire (adj.) food processing

ailleurs (adv.) elsewhere, somewhere else

aîné (n.m.) the oldest

aisément (adv.) easily, with ease

ajouter (v.) to add

aliment (n.m.) food

allées et venues (ex.) comings and goings

alléger (v.) to lighten, to alleviate

aller mieux (ex.) to be better

allier à (v.) mixed with,

amarrer (v.) to dock

âme (n.f.) soul

aménagé (adj.) adjusted, scheduled, such as a time table

amende (n.f.) fine

ami (n.m.) friend

amitié (n.f.) friendship

amorcer, s' (v.) to start, to begin

amplificateur (n.m.) amplifier

ancien (adj.) former

âne (n.m.) donkey, jackass

anéantir (v.) to annihilate

angoissant (adj.) full of anguish, of anxiety

anorak (n. m.) wind-breaker, ski jacket

antan (d') (adv.) of yore, of long ago

antérieur (adj.) previous, former

antidérapant (adj.) non-skid (soles, shoes; non-skid tires)

apercevoir (v.) to sight, to see

appliquer (v.) to apply ("s'appliquer à": to apply something to)

appliquer, s' (v.) to apply oneself

apport (n.m.) thing brought to; contribution

apprêter, s' (v.) to get oneself ready

approfondi (adj.) deep, thorough, extensive

argenterie (n.f.) silverware

arlésien (adj.) from Arles; inhabitant of the town of Arles

aromatisé (adj.) spiced with

arracher (v.)   to pull up, to uproot

arriéré (adj.)   old fashioned, behind the times

arrière petit-fils (n.m.)   great grandson

assaillir (v.)   to assail

assiette (n.f.)   plate

assommer (v.)   to overcome, to stun

assommer, s' (v.)   to stun oneself

atteindre (v.)   to attain, to reach

atténuant (adj.)   extenuating

attrait (n.m.)   attraction

au cours de (ex.)   during

au large (ex.)   at sea

ausculter (v.)   to examine (a patient); to listen to the heart and lungs

autocar (n.m.)   bus, motor coach

autre (pr.)   other; "quelqu'un d'autre": someone else

avaler (v.)   to swallow

avare (adj.)   miserly, stingy

avarié (adj.)   spoiled (food items)

avec effusion (ex.)   with great feeling, effusively

avec soin (ex.)   carefully

avenir (n.m.)   future

aventurer, s' (v.)   to venture, to take risks

avertir (v.)   to warn, to caution

avis (n.m.)   opinion; advice

aviser, s' (v.)   to venture, to dare, to decide

avoir beau dire (ex.)   to try to say (something); to say what one would

avoir besoin de (ex.)   to be in need of

avoir bon coeur (ex.)   to be generous, to have a good heart

avoir conscience de (ex.)   to be conscious of

avoir de la chance (ex.)   to be lucky

avoir de la peine à (ex.)   to have difficulty to

avoir envie de (ex.)   to want to, to desire to

avoir la tête qui tourne (ex.)   to feel giddy

avoir mauvaise langue (ex.)   to gossip, to say bad things about someone

avoir moyen de (ex.)   to manage to, to be able to

avoir peur (ex.)   to be afraid

avoir raison (ex.)   to be right

avoir tendance à (ex.)   to tend to

avoir tort (ex.)   to be wrong

avouer (v.)   to confess, to admit, to own up to

b

badiner (v.)   to fool around

bagatelle (n.f.)   mere trifle

bagnole (n.f.)   slang word for automobile

baguette (n.f.)   flogging stick; long thin French bread

baigner (v.)   to bathe (someone : a child, a dog)

baigner, se (v.)   to go in the water (in a pool, the sea, a lake); to take a bath

baiser (v.)   to kiss (someone's hand)

ballottine (n.f.)   culinary term; boned. stuffed and rolled piece of meat, fowl, game, or fish

barbe (n.f.)   beard; "barbe à Papa" : cotton candy

bas (n.m.)   stocking, hosery ; "collants": pantyhose

bateau (n.m.)   boat

bâtiment (n.m.)   building

battre, se (v.)   to fight with someone

bavure (n.f.)   mistake, error

bécasse (n,f,)   woodcock

beffroi (n.m.)   belfry

beignet (n.m.)   doughnut

belle-soeur (n.f.)   sister-in-law

bénéfice (n.m.)   profit

bêtise (n.f.)   silly mistake, error

béton (n.m.)   concrete, cement

biche (n.f.)   doe

bien-être (n.m.)   well-being

bienfaisance (n.f.)   charity, benevolence

bienveillance (n.f.)   kindness

billet (n.m.)   ticket (for train, theater); "billet de banque": bank note

biscuit à la cuiller (n.m.)   lady finger cookie

bitumé (adj.)   tarred

blesser (v.)   to wound, to hurt

bois (n.m.)   horns (of a stag); woods

bon marché (n.m.)   cheap

bon vivant (n.m.)   person who enjoys good living; easy going person

bonnes oeuvres (n.f.p.)   good works, charitable works

bonté d'âme (ex.)   kindheartedness, kindness

boue (n.f.)   mud

bouffe (n.f.)   food (familiar), eating

bouillir (v.)   to boil

boum (n.f.)   a party, an impromptu party for teenagers

boutiquier (n.m.)   boutique owner

brame (n.m.)   belling, throating (of a stag)

branché (adj.)   in the know, up to date

branle (n.m.)   swing, movement (of bells)

bridé (adj.)   limited, restricted

bride (n.f,)   bridle, rein

brièvement (adv.)   briefly

brouette (n.f.)   wheelbarrow

brouillard (n.m.)   mist

brouillon (n.m.)   draft (of a paper, homework)

brûler (v.)   to burn

brume (n.f.)   fog, mist

bruyamment (adv.)   noisily, loudly

bûcher (v.)   to cram

bureau (n.m.)   desk; office

but (n.m.)   goal

C

c'est fou (ex.)   it is crazy, unbelievable

ça ne va pas fort (ex.)   not to feel very well

cabane (n.f.)   hut, shanty

cabinet (n.m.)   office of a professional (doctor, lawyer)

cacher, se (v.)   to hide (oneself)

cachot (n.m.)   prison

cadeau (n.m.)   present

cadre (n.m.)   frame; outline

caille (n.f.)   quail

calmant (n.m.)   calming drug

calumet (n.m.)   pipe (Indian peace pipe)

cambrioler (v.)   to steal, to rob

campagne (n.f.)   country

camper (v.)   to camp, to go camping

canal (n.m.)   station (radio, television)

canicule (n.f.)   very hot weather, dog-days of summer

carrière (n.f.)   career

carriole (n.f.)   old carriage; old jalopy

casanier (adj.)   homeloving, homebodied

cassé (adj.)   broken

cauchemar (n.m.)   bad dream

causer (v.)   to converse (with someone)

ce qu'il faut (ex.)   what is necessary

ceinture (n.f.)   belt; "ceinture de sécurité": seat belt

cela te va bien (ex.)   this is becoming to you, such as a color, a piece of clothing

célibataire (n.m. ou adj.)   unmarried

cerf (n.m.)   stag

cervelle (n.f.)   brain

chaloupe (n.f.)   sloop, launch

champ (n.m.)   field, meadow

changer d'avis (ex.)   to change one's mind

charrette (n.f.)   carriage (horse drawn)

châsse (n.f.)   reliquary

chasse-neige (n.m.)   snow-plow

chauffage (n.m.)   heating

chaussette (n.f.)   sock, knee high stocking

chaussure (n.f.)   shoe

chemin (n.m.)   path, way

chenil (n.m.)   kennel

cheville (n.f.)   ankle

chimiste (n.m.)   chemist

choir (v.)   to fall

choisi (adj.)   chosen

chômage (n.m.)   unemployment

chose (n.f.)   thing

chute (n.f.)   fall

cierge (n.m.)   candle (in a church)

cime (n.f.)   top (of a tree, of a mountain)

cire (n.f.)   wax

citadin (n.m.)   city dweller, urbanite

citoyen (n.m.)   citizen

clairière (n.f.)   clearing (in a forest)

claquer les talons (ex.)   to click one's heels

clé (n.f.)   key

clémence (n.f.)   clemancy

clocher (n.m.)   church steeple

coin (n.m.)   corner

collé (adj.)   glued

comble (n.m.)   attic, roof

commande (n.f.)   order, command; "faire une commande" : to place an order

commerce (n.m.)   business, trade

composer (v.)   to compound (to amount to); to compose, to create

compris (adj.)   including; understood

comptable (n.m.)   accountant

compter (v.)   to count; compter + infinitf: to count on doing something

conclure (v.)   to conclude

concours (n.m.)   gathering; match, competition

conduire (v.)   to drive

conduire, se (v.)   to behave (well or badly)

conduite (n.f.)   driving; behavior

confiance (n.f.)   something trustworthy, reliable

confrérie (n.f.)   guild

congélateur (n.m.)   freezer

conscient (adj.)   conscious

conseil (n.m.)   council, advice

conseillé (adj.)   advised, recommended

consommer (v.)   to consume

construire (v)   to construct, to build

contenu (n.m.)   contents (of a document, a drawer)

contravention (n.f.)   ticket, for speeding or other offenses

contribuable (n.m./f.)   taxpayer

convaincu (adj.)   convinced

convenable (adj.)   decent, suitable

convenablement (adv.)   decently, suitably

cornichon (n.m.)   pickle

correspondre (v.)   to write back and forth, to correspond with someone

corriger (v.)   to correct

cortège (n.m.)   procession

côte (n.f.)   coast, hill (uphill); rib

côteau (n.m.)   hillside

côtier (adj., fém: côtière)   coastal

coucou (n.m.)   cuckoo clock

coude (n.m.)   elbow

coudre (v.)   to sew

coulis (n.m.)   liquid purée made with fruits, meat, seafood

coup (n.m.)   blow ; "mauvais coup": nasty trick

coupable (adj.)   guilty, culpable, responsible for

couronner (v.)   to crown

coûter (v.)   to cost

craindre (v.)   to fear, to be afraid that

crainte (n.f.)   fear

creuser (v.)   to dig (a hole)

cri (n.m.)   shout, scream

crinière (n.f.)   mane (of an animal)

crise (n.f.)   crisis

crise cardiaque (n.f.)   heart attack

croisière (n.f.)   cruise

cruauté (n.f.)   cruelty

cuisine (n.f.)   kitchen ; "cuisine usine": factory kitchen

cuisse (n.f.)   thigh

cuit (adj.)   cooked ; "bien cuit": well done; "pas assez cuit": not done enough

cuivre (n.m.)   copper

curieux (adj.)   curious, odd, peculiar

d

d'après nature (ex.)   from nature

d'un bout...à l'autre (ex.)   from one end ... to the other

d'un trait (ex.)   in one gulp

dans le vent (ex.)   with it, up to date

dans les grands (ex.)   with the older ones

davantage (adv.)   more, more frequently

de haut (adv.)   in height, high

de mal en pis (adv.)   from bad to worse

débarasser de, se (v.)   to get rid of, to free oneself from

débouché (n.m.)   opening, opportunity (for a career)

débrouiller, se (v.)   to manage, to wangle, to finagle (familiar)

décevoir (v.)   to deceive, to disappoint

déchausser, se (v.)   to take off one's shoes

déchet (n.m.)   waste

déchiffrer (v.)   to decipher

décommander (v.)   to cancel

découler de (v.)   to derive from

dédain (n.m.)   disdain, contempt

dedans (adv.)   within, inside

dédommager (v.)   to make good, to compensate

déesse (n.f.)   female deity

défaite (n.f.)   defeat

défaut (n.m.)   fault, character flaw, defect

défi (n.m.)   challenge, defiance

défoncer (v.)   to break down (a door, a wall)

dégager, se (v.)   to emanate

déganter (v.)   to take off one's gloves

déguisé (adj.)   in costume

dehors (adv.)   outside

délecter, se (v.)   to take pleasure (in)

déménager (v.)   to move (from one place to another)

démission (n.f.)   resignation

démodé (adj.)   old fashioned, out of date

dépenser (v.)   to spend

déprimant (adj.)   depressing

déprimé (adj.)   depressed

déraper (v.)   to skid

déroutant (adj.)   puzzling, disconcerting

dérouter (v.)   to lead astray, to disconcert

dessin (n.m.)   pattern, drawing

déteint (adj.)   faded

détenir (v.)   to detain, to hold

deviner (v.)   to guess

devoir (n.m.)   homework; duty, obligation

dévouement (n.m.)   devotion

dévouer à, se (v.)   to devote oneself to

diapositive (n.f.)   slide, transparency

dire (n.m.)   allegation, statement

dire (v.)   to say; "dire des bêtises": to talk nonsense

discours (n.m.)   speech, lecture

discuter (v.)   to discuss

disponible (adj.)   available, disposable

disputer, se (v.)   to argue with someone

dodu (adj.)   plump, chubby

doigt (n.m.)   finger; "doigt de pied": toe

domaine (n.m.)   domain, estate, land

dormir comme un loir (ex.)   to sleep very soundly

dos (n.m.)   back

douceur (n.f.)   sweetness, softness

douche (n.f.)   shower (to take a shower)

droguerie (n.f.)   drugstore

droit (n.m.)   law, right

drôle (adj.)   funny

dupe (adj.)   fooled by, taken in

e

éblouissant (adj.)   dazzling

échantillon (n.m.)   sample

échelle (n.f.)   scale; ladder

éclair (n.m.)   stroke of lightning

éclat (n.m.)   gleam, glow

économiser (v.)   to save (money)

écouter (v.)   to listen

EDF (n.f.)   Electricité de France

édifié (adj.)   erected; built

effacé (adj.)   erased, worn

effectuer (v.)   to carry out, to bring about

efforcer, s' (v.)   to struggle for, to strive to

effrayer (v)   to frighten

embaucher (v.)   to hire, to start a shift

embouchure (n.f.)   mouth (of a river)

embrouiller, s' (v.)   to get, to become confused

emmagasiner (v.)   to store, to accumulate, to stock up

emmener (v.)   to take someone somewhere

emmitoufler (v.)   to bundle up (against the cold)

émouvoir (v.)   to move, to affect emotionally

empreinte (n.f.)   fingerprint, footprint, imprint, mark

emprise (n.f.)   hold

en espèces (ex.)   cash (to pay cash)

en haut (ex.)   upstairs; "en bas" : downstairs

en prendre à, s' (ex.)   to find fault, to blame (someone or something)

en retard (ex.) late

en revanche (ex.) in return, on the other hand

en sécurité (ex.) secure

en sortir, s' (ex.) to get over something, to overcome

en train de (ex.) in the process of

en vente (ex.) being sold; for sale

en voie de disparition (ex.) likely to disappear; becoming obsolete

encombré (adj.) crowded, congested

endormi (adj.) asleep

endroit (n.m.) sight, place

enduit (adj.) coated (with something)

enfoncer, s' (v.) to penetrate, to dive into

enfuir, s' (v.) to run away

enquête (n.f.) inquiry

entasser, s' (v.) to crowd, to cram, to pile up

entoilé (adj.) covered with material, like sailcloth

entourer (v.) to surround

entre chien et loup (ex.) at dusk, between day and night

entreprendre (v.) to undertake

entrevue (n.f.) interview

envahir (v.) overtake, overrun; invade

envisager (v.) to expect, to envision

épancher, s' (v.) to burst out, to pour out (one's feelings)

épaule (n.f.) shoulder

épingle (n.f.) pin

épopée (n.f.) epic story, tale, poem, adventure

équipe (n.f.) team

érigé (adj.) erected

erreur (n.f.) mistake

essuyer (v.) to weather; to dry something or someone

estomac (n.m.) stomach

estragon (n.m.) tarragon

étape (n.f.) stage, step

été (n.m.) summer

éteindre (v.) to turn off (the light)

étoiler (v.) to star, to stud with stars

étouffé (adj.) choked, smothered

étrange (adj.) strange, weird

étrange destinée (ex.) unknown journey (euphemism for death)

étranger (n.m. ou adj.) foreigner; foreign

être à même de (ex.) to be likely to; to be capable of; to be in a position to

être cuite à (ex.) to be cooked, figuratively; cf. to cook one's goose

être de retour (ex.) to be back

être pincé (v.) to be caught, to be taken in by someone or something

être pressé (v.) to be in a hurry

être rusé (adj.) to be crafty, cunning

être scié (v.) to be pestered

être tordant (v.) to be hilarious, to be funny

étude (n.f.) study-hall; the study of something

évanouir, s' (v.) to faint

éveillé (adj.) awake

événement (n.m.) event

évité (adj.) avoided

éviter (v.) to avoid

évolué (adj.) evolved

exigeant (adj.) demanding

exiger (v.) to demand, to require

f

fâcheux (adj.) sad, unfortunate

facile (adj.) easy

fade (adj.) without much taste; bland

faiblesse (n.f.) weakness

faience (n.f.) earthenware, crockery

faillite (n.f.) bankruptcy

faire (v.) ; "faire" + infinitif: to have something done by someone

faire attention (ex.) to pay attention

faire de la planche à voile (ex.) to go wind surfing

faire des achats (ex.) to go shopping

faire du cheval (ex.) to go horseback riding

faire du mal, du bien (ex.) to do harm, to do good to someone

faire du tapage (ex.) to make noise

faire face à (ex.) to face

faire fortune (ex.) to hit the jackpot, to make a fortune

faire la lessive (ex.) to do the laundry

faire signe (v.) to signal, to indicate

faire tard, se (v.) to be getting late

faire un tour (ex.) to go for a walk

fané (adj.) faded, withered

faon (n.m.) fawn

farci (adj.) stuffed

fardeau (n.m.) burden, load

Fatimides (n.p.) name of a moslem dynasty that ruled Egypt during the Xth & XIth C.

féculent (n.m.) starch, starchy food

fer forgé (n.m.) wrought iron

fermement (adv.) firmly

fête (n.f.) feast; "les fêtes": the holidays

feu (n.m.) fire

fidèle (adj.) loyal

fièvre (n.f.) fever

figé (adj.) congealed, fixed

figer, se (v.) to freeze, to curdle

fil (n.m.) thread

filleul (n.m., fém: filleule) godchild

flanquer (v.) to flank (something)

fleuve (n.m.) river

foi (n.f.) faith

foie (n.m.) liver

foire (n.f.) fair

folie (n.f.) madness, craziness

foncièrement (adv.) fundamentally

forain (n.m.) itinerant (vendor, stall-keeper at a fair)

force (n.f.) strength

forger (v.) to forge, to do a blacksmith's job

forgeron (n.m.) blacksmith

fouet (n.m.) whip

foulard (n.m.) scarf

foule (n.f.) crowd

fournil (n.m.) bakery, bakehouse

frais (adj., fém.: fraîche) recent, new looking

frais (n. m.) expense (household, living expenses)

framboise (n.f.) raspberry

frapper (v.) to hit, to strike

frein (n.m.) brake

frémir (v.) to quiver, to tremble

froid (adj.) cold

froidement (adv.) coldly, without warmth

froisser, se (v.) to wrinkle; to get offended

frôler (v.) to touch or brush lightly;

frôler la mort (ex.) to have a brush with death

fructueux (adj.) productive, fruitful

frugalement (adv.) frugally

fumée (n.f.) smoke

fustigé (adj.) beaten with a stick

g

gagné (adj.) earned

gagner du terrain (v.) to spread, to become popular

gagner sa vie (v.) to earn a living

gant (n.m.) a pair of gloves; glove

garçon de classe (n.m.) student on duty

gardian (n.m.) herdsman in Camargue

gâté (adj.) spoiled

gelée (n.f.) frost, freeze

geler (v.) to freeze

gêné (adj.) bothered, embarrassed

genou (n.m.) knee

genre (n.m.) type; gender

gens âgés (n.m.) older people

gentil (adj.) kind, considerate

gentiment (adv.) gently

gérer (v.) to administer, to run a business, a store

germer (v.) to germinate, to spring up

gibier (n.m.) venison, game

Gitan (n.p.) gipsy

glace (n.f.) ice-cream

glacial (adj.) frigid

glissant (adj.) slippery

gosse (n.m.) child (familiar)

goût (n.m.) taste

gracier (v.) to pardon, to reprieve

grandir (v.) to grow, to progress

gratter (v.) to scratch

grenouille (n.f.) frog

grève (n.f.)   river bank, shore; strike
gréviste (n.m./f.)   striker
grille (n.f.)   gate
grommeler (v.)   to grumble, to mutter
gros lot (n.m.)   the biggest prize in a lottery
grossesse (n.f.)   pregnancy
grossir (v.)   to gain weight
grue (n.f.)   crane
guêpe (n.f.)   wasp
guerrier (n.m.)   warrior
guimbarde (n.f.)   old vehicle

h

haine (n.f.)   hate
haut-parleur (n.m.)   speaker (for stereo, radio)
heure de pointe (ex.)   rush hour, peak hour
hiver (n.m.)   winter
homard (n.m.)   lobster
honnête (adj.)   honest
horaire (n.m.)   time-table, schedule
huile (n.f.)   oil, fat
huître (n.f.)   oyster
humer (v.)   to breathe in
hurler (v.)   to scream

i

ignorer (v.)   to ignore, to be unaware of
il est peu probable (ex.)   it is not too likely, it is unlikely
il paraît (v.)   it seems, it appears
il se peut que (ex.)   it is possible that
il vaut mieux (ex.)   it is better to
immeuble (n.m.)   building
impôt (n.m.)   tax
impressionner (v.)   to impress
inamical (adj.)   unfriendly
inaperçu (adj.)   not visible
inappréciable (adj.)   not appreciated; not discernable
inapprivoisé (adj.)   untamed
inattendu (adj.)   unexpected
inclure (v.)   to include

inculqué (adj.)   taught by repetition, persistently ; marked forcibly
indigent (n.m.)   indigent, poor person, destitute individual
infirmier (n.m.; fém. : infirmière)   nurse
informatique (n.f.)   computer science
ingérer (v.)   to ingest
ingrat (adj.)   ungrateful
inondation (n.f.)   flood
inquiet (adj.)   anxious, uneasy
insolite (adj.)   unusual
instantanément (adv.)   instantly
insupportable (adj.)   unbearable
intempérie (n.f.)   inclemency, bad weather
introuvable (adj.)   impossible to find
inutilisable (adj.)   unusable
isolation (n.f.)   insulation (in a house, building)

j

jaillir (v.)   to gush out, to splash
jalousie (n.f.)   awning, venetion blind; jalousy
jardinier (n.m.)   gardener
jet de lance (n.m.)   burst, stream from a water hose
jeton (n.m.)   chip, token
joindre, se (v.)   to join, to rejoin
jouer (v.)   to play
jouer aux cartes (ex.)   to play cards
jouer aux échecs (ex.)   to play chess
journal (n.m.)   newspaper
journalier (adj.)   daily
jovial (adj.)   jolly, good humored
judiciare (adj.)   judicial, legal
jumeau/jumelle (n.m./f.)   twin

l

la paille et la poutre (ex.)   proverb meaning: "the pot calling the kettle black"
lacer (v.)   to lace (a shoe)
laideur (n.f.)   ugliness
laisser (v.)   to leave behind
laisser libre cours (ex.)   to give free rein

laisser tomber (ex.) to drop, to abandon (someone)

lancer (v.) to throw; "se lancer" : to embark on (something)

Le Caire (n.p.) Cairo

le moindre (adj.) superlatif de "petit" the least

le moins cher/le plus cher (ex.) the least/the most expensive

lecteur (n.m.) reader

lecteur de disques compacts (ex.) C.D. player

lecture (n.f.) reading

libre-service (n.m.) self-service

lier (v.) to tie up (someone or something)

lieu (n.m.) place, site

lieue (n.f.) measure of distance (about three miles)

lisière (n.f.) border, edge

litige (n.m.) litigation, legal dispute

locataire (n.m./f.) tenant, lessee

loin (adv.) far

loir (n.m.) dormouse

louange (n.f.) praise

louche (n.f.) laddle

loué (adj.) praised; rented

loup (n.m.) wolf

loyer (n.m.) rent

luisant (adj.) shiny

m

machine à sous (n.f.) slot machine

magnanimité (n.f.) magnanimity, unselfishness

magnétophone (n.m.) tape recorder

maigre (adj.) skinny, thin

maison de campagne (ex.) country house

maître d'étude (n.m.) study-hall proctor

maîtriser (v.) to master

majeur (adj.) to have reached one's majority (usually to be twenty-one)

mal parti (adj.) off to a bad start

malade (n.m./f.) a sick person

malencontreux (adj.) unfortunate

malentendu (n.m.) misunderstanding

malfaiteur (n.m.) crook, criminal

malgré (prép.) in spite of

malhonnête (adj.) dishonest

malin (adj., fem: maligne) clever, cunning, smart

manadier (n.m.) rancher in charge of a herd of horses in Camargue

manquer (v.) to miss (a train, a plane)

manteau (n.m.) coat

marche (n.f.) walking

marécage (n.m.) morass, bog

marée (n.f.) tide

marier (v.) to marry off, to give in marriage; se marier: to get married

matelot (n.m.) sailor

maxime (n.f.) maxim, saying

médicament (n.m.) medicine

mélange (n.m.) mix

mener à (v.) to lead to

mentionner (v.) to mention

mépriser (v.) to despise, to scorn

mer (n.f.) sea

mercerie (n.f.) store selling notions

merveille (n.f.) marvel

météorologique (adj.) meteorological, having to do with the weather

méticuleusement (adv.) meticulously, scrupulously

mettre à la ligne (v.) to go to the next line

mettre à rire, se (ex.) to start laughing

mettre au point (ex.) to finalize, to polish (a project, a report)

mettre l'accent sur (ex.) to emphasize, to put the emphasis on

meubler (v.) to furnish

meurtre (n.m.) murder

miel (n.m.) honey

millier (n.m.) about a thousand

minitel (n.m.) computer program

mirobolant (adj.) terrific, tremendous

misère (n.f.) poverty, distress, misfortune

mobilier (n.m.) furniture

moindre (adj.), comparatif de "petit": least; superlatif, "le moindre": the least

moisi (adj.) moldy

moisson (n.f.) harvest

mordre (v.) to bite

mosquée (n.f.) mosque

motard (n.m.) motocycle cop

mouette (n.f.) seagull

moufle (n.f.) mitten

mouillé (adj.) wet

mouler (v.) to mould; to cast

mourir (v.) to die

mouvoir, se (v.) to move oneself

moyen (adj.) medium (size) ; average

moyen (n.m.) means

mufle (n.m.) muzzle

mûr (adj.) ripe

n

n'importe quel (ex.) any one (thing or person)

N100 (ex.) : la route nationale no. 100; main highway number 100

naître (v.) to be born

natal (adj.) native

naviguer (v.) to sail

navré (adj.) heart-broken, sorry

nef (n.f.) nave (of a church)

néfaste (adj.) harmful, injurious

nettoyer (v.) to clean

neuf (adj., fém.: neuve) new

neveu (n.m.) nephew

niveau (n.m.) level

nocif (adj.) harmful, detrimental

nombreux (adj.) numerous

non-existant (adj.) unheard of, lacking

nourrir (v.) to feed

nourrir de, se (v.) to feed oneself, to nourish oneself with

nouveau (n.m.) a new pupil, a new person

nuage (n.m.) cloud

nuit blanche (n.f.) sleepless night

nulle part (adj.) nowhere, not anywhere

o

obtenir gain de cause (ex.) to win, to succeed

occuper (v.) to occupy, to be engaged in something

occuper de, s' (v.) to take care of; "s'occuper de ses oignons": to mind one's own business

octroi (n.m.) toll-office, city-toll

odieux (adj.) odious, detestable, obnoxious

offert (adj.) offered

oiseau (n.m.) bird

oiseau rare (n.m.) "rara avis", latin loc. meaning a rare bird, a peculiar person

oisif (adj., fém.: oisive) idle, unoccupied

omettre (v.) to omit

on me travaille (ex.) they are working on me

ondée (n.f.) heavy rain shower

onduler (v.) to wave

onéreux (adj.) expensive, costly

ongle (n.m.) finger or toe nail

orage (n.m.) storm

orangerie (n.f.) orangery (place where orange trees were stored in winter)

ordinateur (n.m.) computer

ordonnance (n.f.) prescription

ordure (n.f.) refuse, garbage

orgueil (n.m.) conceit, pride

ours (n.m.) bear (animal)

outre que (prép.) besides, in addition

ouvrier (n.m.) worker, laborer

p

paisible (adj.) peaceful

palier (n.m.) landing (stair landing)

pan (n.m.) section, side of a wall

paon (n.m.) peacock

paquebot (n.m.) ocean liner

par coeur (ex.) by heart

par contre (ex.) on the other hand

par hasard (ex.) by chance

par saccades (ex.) by fits and starts

paraître (v.) to seem, to appear

pareil (adj.) similar, such (of that kind)

parmi (prép.) among, amid

paroi (n.f.) inside wall, partition

parole (n.f.) spoken words

parrain (n.m.) godfather

parvenir (v.) to reach, to attain

patiner (v.) to skate

patrimoine (n.m.) heritage, patrimony

patte (n.f.) paw

pauvreté (n.f.) poverty, destitution

pavaner, se (v.) to strut (like a peacock)

pêcher (v.) to fish; "aller à la pêche": to go fishing

peigner (v.) to comb

peigner, se (v.) to comb one's hair

peindre (v.) to paint

peine (n.f.) grief

pélerinage (n.m.) pilgrimage

penaud (adj.) sheepish

pendant (prép.) during

pénible (adj.) difficult

pénombre (n.f.) semi-obscurity, shadowy light

pensée (n.f.) thought

pension (n.f.) room and board, pension

pensionnaire (n.m.) paying guest, in a hotel, an inn, a resort

perdre son temps (ex.) to waste one's time

perdre, se (v.) to lose oneself, to get lost

perfusion (n.f.) method of administering medication intravenously

personne (n.f.) person, someone; "ne... personne": no one

pesanteur (n.f.) heaviness, dullness

peser (v.) to weigh

pétanque (n.f.) bowling game played in Provence mostly (like bocci)

peu importe que (ex.) it is not important if, that

peur (n.f.) fright, fear

phare (n.m.) headlight (of a vehicle); lighthouse

pièce d'eau (n.f.) fountain, basin, pond

pièce de théâtre (n.f.) play

piquant (adj.) sharp, biting; humorous

piqué (adj.) stung (by an insect)

pire (n.m.) worst; "le pire": the worst

piscine (n.f.) swimming pool

piste (n.f.) trail

plaider (v.) to plead

plaindre, se (v.) to complain

plaire (v.) - to please, "plaire à": to be pleasant, attractive to (someone, something)

plaire, se (v.) to like, to take pleasure in

platane (n.m.) plane tree

pleurnichard (adj.) whining, whimpering

pleuvoir (v.) to rain

plomb (n.m.) lead (as in bullets)

plongé (adj.) lost, buried deep in something (a book, a task)

pneu (n.m.) tire (on a car, bicycle)

poche (n.f.) pocket

poids (n.m.) weight

poignée (n.f.) handful

poil (n.m.) animal hair, human body hair

point (adv.) not, not at all

point jacquard (n.m.) jacquard stitch

pointure (n.f.) shoe size

polluer (v.) to pollute

pont (n.m.) bridge

porter (v.) to carry; "porter sur": to bear upon; to wear (an article of clothing, clothes); to carry

porter, se (v.) "bien", ou "mal" to feel well, or bad; to be healthy, or not

poste (n.m.) position, job

potable (adj.) potable, drinkable

pour autant (adv.) as far as, therefore

pousse-pousse chinois (ex.) chinese rickshaw, or riksha

pousser un soupir de soulagement (ex.) to sigh with relief

précipiter (v.) to bring about

précipiter, se (v.) to rush, to hurry (towards something, someone)

prédire (v.) to predict

prendre (v.) to take; "prendre un pot": to have a drink; "s'y prendre": to go about doing something

prendre son temps (ex.)   to take one's time
préparatif (n.m.)   preparation
présager (v.)   to predict
pressé (adj.)   in a hurry
preuve (n.f.)   proof
prévenir (v.)   to warn, to ward off
prévision (n.f.)   prediction
prévoir (v.)   to forsee, to make provision for, to forecast
prévoyant (adj.)   far-sighted
prise (n.f.)   catch; "prise de poids": weight gain
privé (adj.)   private
prix fort (n.m.)   higher price
propos (n.m.)   remark
propre (adj.)   one's own (things, children, friends, possessions)
propreté (n.f.)   cleanliness
prouver (v.)   to prove
Proviseur (n.pr.m.)   Headmaster
pub (n.f.) abbréviation de "publicité" publicity
publier (v.)   to publish
puissance (n.f.)   power, force
puissance de sortie (n.f.)   amplification power
pull (n.m.)   pullover, sweater

q

quel dommage (ex.)   what a pity, it is too bad
quelconque (adv.)   any, whatever; "quiconque": whoever
quelle tuile! (ex.)   what a disaster!, what a blow!
quelque...que (adj.)   whatever, whichever, however
quitter (v.)   to leave (something, someone)
quitter, se (v.)   to take leave of each other, to separate
quoi que (pr.)   whatever
quoique (conj.)   although
quotidien (adj./n.m.)   daily

r

rade (n.f.)   natural bay (port)
rafale (n.f.)   blast (of wind, of rain)

ramasser (v.)   to pick up (something)
rame (n.f.)   oar
randonnée (n.f.)   excursion, outing
ranger (v.)   to put in order
rappeler, se (v.)   to remember something, someone
rapprocher, se (v.)   to come nearer
rassembler, se (v.)   to gather together
rater (v.)   to miss (something, an event)
réaliser, se (v.)   to come true; to materialize; to be realized
rebord (n.m.)   edge, sill
récemment (adv.)   recently
récepteur à modulation de fréquence (ex.)   F.M. receiver
recette (n.f.)   recipe
réclame (n.f.)   ad, advertisement
reconnaissant (adj.)   grateful
reculer (v.)   to recede, to go backward
redéfinir (v.)   to redefine
rédiger (v.)   to compose, to draw up (a document)
redoutable (adj.)   formidable
redressement (n.m.)   redress, reform
réduire (v.)   to reduce, to diminish
réfléchir (v.)   to think, to think over
régime (n.m.)   diet
réglementé (adj.)   regulated
régler (v.)   to pay, to settle (bills, accounts)
reine (n.f.)   queen
remous (n.m.)   swirl, backwash (of the water)
remporter la victoire (ex.)   to win
rendre (v.)   to give back, to return (something)
rendre compte, se (v.)   to realize
rendre fou (v.)   to drive (someone) crazy
rendre, se (v.)   to capitulate
renoncer (v.)   to renounce, to give up (a habit)
répondeur (n.m.)   answering machine
réseau (n.m.)   network
résoudre (v.)   to resolve
ressort (n.m.)   spring (mecanical)
retors (adj.)   shrewd, crafty
retourner (v.)   to turn over (a coin, a card); to return

retourner, se (v.)   to turn around

rétrocéder (v.)   to yield back; to retrocede; to go back

rétroviseur (n.m.)   rear-view mirror

réussir (v.)   to be successful

rêve (n.m.)   dream

réveiller, se (v.)   to wake up

rive (n.f.)   bank (of a river)

roman (adj.)   romanesque (architectural term)

roman policier (n.m.)   detective story, "who done it" story

rondelle de carton (ex.)   chip made of cardboard

roue (n.f.)   wheel

rougeâtre (adj.)   reddish

roulotte (n.f.)   horse drawn carriage, used as a house by nomads

roux (adj., fém.: rousse)   rust color (for human hair or animal hairs)

S

sage (adj.)   wise

sain (adj.)   healthy

sale (adj.)   dirty

sang (n.m.)   blood

sang-froid (n.m.)   self-control, coolness

sans cesse (ex.)   constantly

sans façons (ex.)   simply, without fuss

sans relâche (ex.)   without respite

santé (n.f.)   health

sauveur (n.m.)   savior

sec (adj., fém.: sèche)   sharp, curt

sein (n.m.)   breast, bosom

sel (n.m.)   salt

semaine (n.f.)   week

semblable (adj.)   similar

semelle (n.f.)   sole (of a shoe)

sens (n.m.)   meaning

sentier (n.m.)   path

sentiment (n.m.)   feeling

sentir, se (v.) "bien" ou" mal"   to feel well or badly

serre (n.f.)   greenhouse

serrer le coeur (v.)   to be heart-rending

servir (v.)   to serve

servir de, se (v.)   to use, to utilize

seuil (n.m.)   doorstep

seul (adj.)   alone

SIDA (n.m.)   AIDS

sifflement (n.m.)   whistling

singe (n.m.)   monkey

somme (n.f.)   sum, amount

sommet (n.m.)   summit

sons à basse fréquence (ex.)   basses (bass frequencies)

sons à haute fréquence (ex.)   highs (high frequencies)

sort (n.m.)   fate, destiny

sortir (v.)   to exit, to go out

sortir de, se (v.)   to get out of ; to extract oneself from

sottise (n.f.)   stupidity, foolishness

souffle (n.m.)   breath

souffler (v.)   to blow

souhait (n.m.)   wish

souhaiter (v.)   to wish

soulagé (adj.)   relieved

soulagement (n.m.)   relief

soulever (v.)   to lift up, to raise

soumettre (v.)   to submit

soupçonner (v.)   to suspect

soupir (n.m.)   sigh

soupirer (v.)   to sigh

souplesse (n.f.)   pliability, suppleness

sourd-muet (adj.)   deaf-mute

sourire (n.m.)   smile

sournois (adj.)   deceitful, sly

sous prétexte de (ex.)   under pretense of

souvenir, se (de) (v.)   to remember something, some event, someone

souvent (adv.)   often

strapontin (n.m.)   folding seat (in a theater or bus)

stratagème (n.m.)   scheme

strier (v.)   to streak

strophe (n.f.)   verse, stanza (of a poem)

subir un échec (ex.)   to have a reversal of fortune, to experience failure

subvenir (v.) to provide for, to meet (one's needs)

subvenir à ses besoins (v.) to meet one's needs; to provide for one's needs

subvention (n.f.) subsidy

sucrerie (n.f.) sweet, candy

suivant (adj.) following, next

sulpicien (adj.) from the congregation of St. Sulpice, which taught strict religious rules

supplier (v.) to beg

supporter (v.) to stand, to bear, to support (someone, something)

sur la piste (ex.) on the trail (of someone, or something)

surveiller (v.) to watch over (someone, something)

sympa (adj.) abbreviation of "sympathique" : attractive, likeable

t

tache (n.f.) stain, blemish

tâche (n.f.) task, job, work

taille (n.f.) size

taillis (n.m.) copse (of trees or bushes)

taire (v.) to suppress, to hush up; "se taire": to be quiet

talon (n.m.) heel

tamponner (v.) to run into, to collide; to stamp

tapage (n.m.) noise ; "faire du tapage": to make noise

tapir, se (v.) to take cover

tas (n.m.) pile (of something)

taux d'échange (ex.) exchange rate

témoin (n.m.) witness

tendance (n.f.) tendency

tendu (adj.) tense

tendu de (adj.) hung with (material, sails)

tenir à (v.) to be bent on, to care about; to want to

tenir compte de (ex.) to take into consideration

tenter (v.) to attempt, to try; to tempt

tilleul (n.m.) lime-blossom tea; linden tree

tirage (n.m.) drawing (in a lottery)

tirer (v.) to pull; "tirer la langue": to stick out one's tongue

tirer d'affaire, se (ex. v.) to get out of trouble

tirer de (v.) to draw from, to obtain from

tirer son épingle du jeu (ex.) to get out of the fray, to come out unscathed

tiroir (n.m.) drawer

toile (n.f.) canvas, sheeting

tomber amoureux fou (ex. verbale) to fall madly in love

tomber en panne (ex.) to have a machine break down (car, mower, washing machine)

tomber malade (ex.) to become sick

tonnerre (n.m.) thunder

tordre, se (v.) to twist oneself; to laugh very heartily (familiar)

tôt (adv.) early

tourbillonner (v.) to whirl around

tourelle (n.f.) small turret

tout à coup (ex.) all of a sudden

toutefois (adv.) however

toux (n.f.) cough

traite des fourrures (ex.) fur trading

travail (n.m.) work

traversée (n.f.) ocean crossing

tremblement de terre (n.m.) earthquake

trempé (adj.) wet, water logged

tricher (v.) to cheat

tricoter (v.) to knit

tromper (v.) to deceive; "se tromper": to be mistaken

trottiner (v.) to toddle, to patter

trou (n.m.) hole

trouver mal, se (v.) to faint; to feel ill

trouver (v.) to find; "se trouver": to find oneself

tuyau (n.m.) pipe, conduit; tube (medical term)

u

ultra-rapide (adj.)   very fast

une fois que (ex.)   once, when

urgence (n.f.)   emergency

usine (n.f.)   factory

utile (adj.)   useful

v

vacances (n.f. pluriel)   vacation(s)

vague (n.f.)   wave

valise (n.f.)   suit-case

valoir (v.)   to be worth ; "il vaut mieux": it is better

veiller (v.)   to watch over

vendange(s) (n.f.)   grape harvest

vendeur (n.m.), vendeuse (n.f.)   salesperson

venir à bout de (ex.)   to master, to conquer something

venir de (v.)   to have just (done something); to come from (somewhere)

vent (n.m.)   wind

ver luisant (n.m.)   glow-worm

verdoyant (adj.)   greenish

vérité (n.f.)   truth; "dire à quelqu'un ses quatre vérités": to tell someone what he needs to hear

vers (n.m.)   line (of a poem)

vertigineux (adj.)   staggering

vêtement (n.m.)   article of clothing

viande (n.f.)   meat

vif (adj., fém.: vive)   bright, intense, vivid

vin (n.m.)   wine

vitesse (n.f.)   speed

vitre (n.f.)   glass, glass pane, window pane

vitrine (n.f.)   shop-window, glass show-case

voisin (n.m.)   neighbor

voiturette (n.f.)   very small car

voiturier (n.m.)   carriage driver

voix (n.f.)   voice

vol (n.m.)   flight; theft

volaille (n.f.)   fowl

volant (n.m.)   steering-wheel

voler (v.)   to steal; to fly

volonté (n.f.)   will

voyage d'affaire (ex.)   business trip

voyou (n.m.)   hooligan